MARATHON DE PARIS

« J'AI 30 ANS »

Un ouvrage conçu et réalisé
par André Ciccodicola

Sous la direction de Gérard Ejnès
Direction artistique : Jacques Hennaux

Textes : Fréderic Gargaud, Lisa Daumont-Ivani
avec Alain Lunzenfichter

Iconographie : Gilles Montgermont

27 28 29
JUILLET 1830

SOMMAIRE

JACQUES CHIRAC

PRÉSIDENT DE LA RÉPUBLIQUE

« Cette course mythique représente le symbole même de l'accomplissement »

Le Marathon de Paris fête ses trente ans.

Depuis trente ans, cette compétition suscite un engouement toujours plus grand. Depuis trente ans, le nombre de participants n'a cessé de croître jusqu'à devenir l'importante manifestation internationale que l'on connaît aujourd'hui.

Epreuve universelle par excellence, le Marathon de Paris se veut intergénérationnel. Il rassemble les amateurs comme les champions confirmés au sein d'une grande fête populaire. Ces participants, qui par amour du sport, donnent de Paris et de la France, un visage exceptionnel.

Cette course mythique représente, par les efforts, l'intelligence et la volonté qu'elle exige des coureurs, le symbole même de l'accomplissement. Je veux rendre hommage à tous ces coureurs et les remercier pour avoir contribué, année après année, à en écrire l'histoire.

L'épreuve parisienne fait désormais partie des cinq plus grands marathons du monde et je tiens à adresser mes félicitations à toutes celles et à tous ceux, organisateurs, bénévoles et sportifs qui assurent à chaque édition un formidable succès.

Au-delà d'une remarquable organisation, au-delà d'un accueil digne de notre pays, le Marathon de Paris constitue une extraordinaire conjonction d'histoires personnelles et d'aventures humaines partagées. Ecole de l'effort, du plaisir et du dépassement de soi, il est aussi une expérience de la solidarité. Je souhaite à ce titre saluer tout particulièrement les athlètes handicapés qui se lancent chaque année dans cette magnifique aventure.

A l'occasion de ce Marathon 2006, je suis heureux d'adresser à chacune et à chacun des coureurs français et étrangers mes chaleureux encouragements et je forme des vœux pour que ce 30ème anniversaire soit une fête inoubliable.

Jacques CHIRAC

3258
2442
45157
46192
3575

IL ÉTAIT UNE FOIS...
LE PLUS BEAU MARATHON DU MONDE

109

1022
218

Km 26
Km 26

orange
19329
adidas
orange
37071
21356
orange
38561
adidas

orange
23815
adidas

JEAN TIBÉRI :
« UN RENDEZ-VOUS INTERNATIONAL »

En trente ans d'existence, le marathon de Paris a su s'imposer comme une course de niveau international. Spécialistes et amateurs, Français et étrangers, hommes et femmes de tous âges se retrouvent chaque année plus nombreux dans cette grande fête du sport qui se déplace sur l'ensemble de la ville.
En tant que maire de la capitale ce fut toujours pour moi un grand plaisir de soutenir cette course qui contribue à faire de Paris une ville attrayante pour tous les amateurs de sport, qu'ils soient spectateurs ou participants.
Je remercie mon ami Joël LAINÉ et son équipe de donner aux trente ans du marathon un éclat particulier avec la publication de cet ouvrage qui, j'en suis sûr, captivera tous les passionnés de grandes manifestations sportives et de fêtes populaires. ■

Jean TIBÉRI
MAIRE DE PARIS DE 1995 À 2001

BERTRAND DELANOË : « UNE FÊTE ESSENTIELLE À L'IDENTITÉ DE NOTRE VILLE »

Depuis maintenant trente ans, le marathon de Paris réunit, pour la plus belle des épreuves sportives, des participants de plus en plus nombreux. Cette grande fête est devenue essentielle à l'identité de notre ville. À l'occasion de ce trentième anniversaire, je suis heureux de pouvoir exprimer la fierté de Paris, des Parisiennes et des Parisiens de recevoir chaque année cet événement. Pour le marathon, des dizaines de milliers de personnes venues du monde entier se rassemblent en effet autour de valeurs que j'estime essentielles : l'universalité, la solidarité, la fraternité, le courage et le dépassement de soi. Tous, professionnels et amateurs, femmes et hommes, sportifs de tous âges, personnes valides et handicapées, sont égaux face à l'exigence de leur passion.

Au terme d'une préparation intensive, ils affrontent la plus dure des épreuves et donnent le meilleur d'eux-mêmes dans le cadre exceptionnel des rues et des monuments parisiens qui, j'en suis convaincu, leur apporte un surcroît de motivation.

Le public n'est pas moins nombreux qui vibre et les encourage avec enthousiasme, dans l'ambiance chaleureuse et fraternelle d'une grande fête populaire et conviviale. À chacune des éditions du marathon de Paris, Parisiens et visiteurs démontrent leur engouement pour le sport en général et pour cette épreuve en particulier, qui est une occasion précieuse de se rassembler et de faire vivre notre joie d'être ensemble.

L'organisation d'un événement d'une telle ampleur nécessite la mise en place d'un dispositif exceptionnel. Les organisateurs, la préfecture de police, les nombreuses directions de la Ville de Paris, les partenaires et, bien sûr avant tout, les bénévoles se mobilisent pour la sécurité et la réussite de ce marathon. Qu'ils soient tous ici chaleureusement remerciés pour leur compétence et leur dévouement.

Nul doute que le marathon de Paris fera vivre pendant des décennies encore sa légende. À tous, bonne lecture et beaucoup de plaisir ! ■

Bertrand DELANOË
MAIRE DE PARIS

JOËL LAINÉ

DIRECTEUR DU MARATHON DE PARIS

« MERCI AUX 348 125 MARATHONIENNES ET MARATHONIENS, QUI, DEPUIS 1976, ONT ÉCRIT L'HISTOIRE DU MARATHON DE PARIS »

Que nous raconte le marathon de Paris depuis trente ans ? À coup sûr une histoire pas banale, Faisons un grand saut en arrière. Avant même le 18 septembre 1976, date du premier marathon parisien, qui vit s'élancer du bois de Boulogne, dans un splendide anonymat médiatique et sans l'ombre d'un public, une poignée de coureurs estampillés FFA, en quête d'une discrète gloire nationale, et une centaine d'« hurluberlus » sans lendemain selon les observateurs les plus pertinents.

Comment s'étonner de ce fracassant anonymat ? Le marathon était depuis toujours considéré comme une épreuve inaccessible. Une discipline ascétique, territoire mythique de quelques sublimes athlètes, fondeurs impénitents en fin de brillante carrière. Un rendez-vous suprême, qu'on évoquait seulement lors des Jeux Olympiques.
Son caractère « à part » et définitivement antique était renforcé
par le fait qu'il était resté interdit aux femmes.

À la même époque commençait à poindre ce que l'on appelait alors « le jogging ». En vogue outre-Atlantique, la sauce prenait aussi chez nous. Mais, pour ses premiers pratiquants (dont de nombreux trentenaires), la motivation n'allait pas au-delà de la volonté de reprendre en main un corps ultra sédentarisé par le travail et de traquer le kilo superflu. De compétition, il n'était pas question.

Le marathon : une véritable alchimie

Alors, que s'est-il produit pour que l'on passe de cette pratique « hygiénique » du marathon de 1976, au marathon d'avril 2005 où, sur les Champs-Elysées, 35 000 coureurs et coureuses de tous âges et de toutes origines se sont lancés dans l'aventure du 42,195 km ?

Comment une des disciplines sportives des plus difficiles a-t-elle pu devenir le théâtre de la plus grande pratique sportive « libre » de masse ? Soyons franc, personne n'aurait pu prévoir un tel phénomène. Nous sommes là dans le domaine de l'alchimie. Tentons d'isoler et de décrire les « ingrédients » de la formule :

- Fin des années soixante-dix. La société remet l'individu au cœur de ses valeurs. C'est vrai aussi dans le sport. Les sports « co » marquent le pas. Les pratiques émergentes tournent autour des sports individuels : le ski, le tennis, le golf, le jogging…
- Ces nouvelles pratiques répondent aussi au besoin d'un exercice « libre », sans l'encadrement d'un club, vécu souvent, et à tort, comme rigide et contraignant.
- On associe désormais le sport à l'idée de loisir.
- On est plus disponible. Le temps du travail se réduit en même temps que l'huile de coude se fait moins indispensable.

Toutes ces raisons ont poussé des dizaines de milliers de personnes d'abord « autour du pâté de maison », puis sur les routes ou dans les sous-bois pour courir, pour pratiquer en somme la plus simple des activités physiques.

1979, le marathon de Paris prend son envol

Une fois les kilos effacés et le corps affûté, le peuple des joggers s'est ensuite cherché des territoires d'expression et de motivation. Faute d'une offre institutionnelle, certains coureurs se sont lancés dans l'organisation de courses, avec, il faut le dire, une véritable hostilité de la part de la Fédération française d'athlétisme, une attitude heureusement corrigée par la suite, pour déboucher aujourd'hui sur une véritable coopération qui sert intelligemment les intérêts de toutes les parties.

Théâtre de l'effort, la course sur route est aussi un facteur d'animation locale, de convivialité, en particulier dans les villes moyennes. Des courses de 10 et de 20 km fleurissent partout en France. Une demande d'un côté, des initiatives de l'autre, et la mayonnaise « course sur route » prend. Côté marathon ce fut une lame de fond.

À New York, aux 126 partants, dont une femme, de 1970, succèdent des pelotons de plus en plus importants : 2 002 coureurs en 1976 ; le double l'année suivante ; 9 800 en 1978. L'information circule dans les pelotons français.

Le mythe s'installe dans les têtes : on peut le faire. Il deviendra vite : « Je peux le faire ! »

À Paris tout bascule en 1979 puis en 1980. Le grand défi est désormais à portée de chaussures de jogging.

148 concurrents avaient franchi la ligne d'arrivée en 1978. Ils sont 1 953 en 1979, 5 274 en 1980 puis 7 003 l'année suivante ! Le marathon de Paris est définitivement sur orbite.

En 1996, pour le 20e anniversaire, ils sont plus de 20 000. En l'an 2000 ce sont plus de 10 000 coureurs supplémentaires qui terminent le marathon de Paris. Depuis 2003, ils sont plus de 35 000 et l'épreuve se joue désormais à guichets fermés bien avant l'heure.

Dans un monde où il faut toujours être le meilleur, où la compétition entre les individus est exacerbée, le marathon fonctionne comme un antidote.

Grâce à lui l'impossible devient accessible. Au bout de la course, après la douleur de l'en dedans, la plainte retenue, le courage retrouvé relaye une satisfaction puissante et intérieure. On a été le meilleur et on a gagné contre… soi-même ; au détriment de… personne. Presque l'idéal !

La voilà la caractéristique unique et enivrante Quel que soit le temps réalisé, une fois la ligne franchie, on est sacré marathonien. Comme, par le passé, on devenait « cap-hornier ». On devient une particule du mythe qui de surcroît a choisi le plus bel écrin qui soit : Paris ville lumière.

C'est à ces « cap-horniers du bitume » que nous avons voulu rendre hommage dans ce livre célébrant les trente ans du marathon de Paris. Trente portraits, trente histoires, trente aventures si proches et tellement différentes. Des sagas symboles de l'inégalable richesse du marathon de Paris.

Une partition à mille mains

Tous les marathoniens savent aussi ce qu'ils doivent aux milles mains qui les entourent et les accompagnent avant, pendant et après leur course. La sécurité, les secours, les ravitaillements les épongements, les vestiaires, les SAS de départ, la récupération des puces de chronométrage, la distribution des médailles, des ponchos de survie… Chaque année, des milliers de bénévoles se retrouvent et s'affairent sans compter, sur cet original chemin de Damas. Ils donnent de leur temps et de leur enthousiasme, pour que chaque femme et chaque homme s'élançant à la quête de ce Graal très particulier y parvienne.

Sans ces « volontaires », rien ne serait possible. Rien ne serait possible non plus sans la complicité des partenaires commerciaux, qui depuis trente ans accompagnent et soutiennent le marathon de Paris.

Rien ne serait possible enfin sans l'aide effective des institutions : la Mairie de Paris et l'ensemble de ses directions opérationnelles, les personnels de la préfecture de police, la brigade de sapeurs pompiers de Paris, le SAMU, la Croix-Rouge, la protection civile.

Définitivement au Top 5 des marathons

Créé et géré par le Stade Français pendant huit ans, puis par l'Association pour la promotion des manifestations sportives parisiennes durant dix ans, le marathon est depuis 1999 organisé, en collaboration avec la mairie de Paris, par la société Amaury Sport Organisation qui lui a donné le dernier coup de pouce pour qu'il figure aujourd'hui au Top 5 des grands marathons mondiaux aux côtés de New York, Londres, Chicago et Berlin.

Quant à moi, depuis 1989, date à laquelle j'ai pris la direction du marathon de Paris dans le cadre de mes fonctions de maire adjoint de Paris chargé des sports, je dois avouer que chaque année j'éprouve une émotion particulière lorsque s'élance sur les Champs-Elysées cette armée des marathoniens, dont chacune et chacun part à la conquête pacifique d'un défi personnel.

Ma plus grande fierté sera dans quelques années de transmettre à mes successeurs une épreuve dont je souhaite qu'elle serve l'image du sport et celle de Paris, deux valeurs auxquelles je suis particulièrement attaché.

Permettez-moi pour finir d'adresser mes très sincères remerciements aux 348 125 marathoniennes et marathoniens qui ont franchi la ligne d'arrivée depuis 1976, comme aux 35 000 qui prendront le départ le 9 avril 2006. Ce sont eux qui ont écrit les plus belles pages de l'histoire fabuleuse du marathon international de Paris. ■

Joël LAINÉ
DIRECTEUR GÉNÉRAL DU MARATHON DE PARIS

COUCOU
FR.3
COUCOU
MARINE
FRED
Gaz de France
41
7
72
stadium
111
207
49

ÇA VA PARTIR...

Derrière cette ligne de coureurs prêts à déclencher leurs chronos et à s'élancer, il y a les deux pères de l'épreuve Lorre et Morin...

Raymond Lorre

Fondateur du marathon de Paris, ancien président de la section athlétisme du Stade Français

« Je n'étais encore qu'un jeune coureur de 400 mètres lorsque je me suis rendu à Marathon. C'est rempli de ce souvenir, empreint d'histoire et de passion, que j'ai créé cette épreuve parisienne des années plus tard. Le déclencheur a toutefois été beaucoup plus conjoncturel. Depuis 1968, j'organisais le meeting de Paris, qui est devenu le meeting Gaz de France. En 1976, j'ai décidé d'offrir de l'argent aux athlètes qui y participaient. J'ai par la suite été débordé par le phénomène. Mais, sur le coup, cela m'a surtout valu d'être suspendu par la FFA. Puisqu'on m'interdisait de faire courir les gens dans les stades, j'ai décidé de les faire courir dans la rue. Sauf que le préfet de police m'a imposé de restreindre le parcours au bois de Boulogne. Fred Lebow, le créateur du marathon de New York, me disait alors sans cesse : « Paris est la plus belle ville au monde, elle mériterait d'avoir le plus beau marathon ! » Jusqu'au jour où je suis allé voir Jacques Chirac, à l'époque maire de Paris. Je lui ai suggéré qu'on prenne exemple sur New York où les marathoniens couraient dans les rues. Il a accepté à condition que la course parte de la place de l'Hôtel-de-Ville. C'était en 1979, il y avait 3 000 coureurs. On n'avait jamais vu ça ! Les gens étaient tellement survoltés qu'il y a eu une bousculade : tout le monde est parti d'un coup. Je n'avais plus qu'à donner le coup de pistolet... Puis le peloton a grossi. En 1984, il y avait plus de 10 000 concurrents. J'ai ensuite passé la main en estimant qu'on ne pourrait pas faire courir plus de 20 000 personnes dans les rues parisiennes. Ils sont 30 000 aujourd'hui... Et lorsque je serai devant eux à l'occasion des trente ans du marathon, il sera difficile de contenir mon émotion. »

Gilles Morin

Président du Stade Français

« Depuis la fin du XIXe siècle, le Stade Français et ses dirigeants se sont comportés en véritables pionniers, défrichant, assainissant, puis jetant les fondations du sport moderne. Plus récemment, le Stade a eu la chance de compter dans ses rangs Raymond Lorre, digne successeur de nos dirigeants pionniers. Cet ancien athlète, champion de France du 400 mètres, est de la race des aventuriers et des bâtisseurs. Visionnaire, il a perçu la nécessité de faire évoluer le sport, et en particulier l'athlétisme, vers des épreuves populaires dites "de masse" ; créatif, il a bâti le projet d'un marathon de Paris ; séduisant et tenace il a convaincu le Stade, ainsi que notre partenaire historique et fidèle, la Ville de Paris, de soutenir ce projet. Dès 1976, soit 80 ans après l'organisation du premier marathon de l'ère moderne, cet entraîneur d'hommes, à la tête d'une équipe, ou plutôt d'un commando, a surmonté toutes les difficultés et donné naissance au marathon de Paris. Devant le succès de cette épreuve, et afin de la positionner parmi les marathons mondiaux majeurs, son organisation a été entièrement transférée quelques années plus tard à la Ville de Paris. Les Stadistes sont fiers d'avoir contribué à la création d'un des plus beaux fleurons de l'athlétisme français. »

EN CE 18 SEPTEMBRE

1976

Jean-Pierre Eudier (France) gagne en 2 h 20' 57"

126 arrivants

André Lacour
Universitaire

« Courir, réfléchir puis… faire les deux »

La fusion du corps et de l'esprit a plutôt bien réussi à ce chercheur en physique nucléaire. Mais, lors d'une bouillonnante année 1976, il en arrive à se saouler de foulées. André met un terme à sa carrière d'athlète quand débute l'histoire du marathon de Paris.

Il a le front vaste et le style inimitable de ceux pour qui un habit sert uniquement à habiller. Ce qui l'intéresse ? Courir, réfléchir et faire les deux. Pour André, « l'un ne va pas sans l'autre parce que la course nécessite d'avoir conscience de son geste. Un peu comme le yoga », discipline dont il a appris les rudiments auprès de Noël Grolières que Jazy et Mimoun appelaient « le sorcier de Clermont ». Depuis, il a arrêté le yoga, mais il a continué de courir et il est resté près des puys. Trop près. Trop longtemps pour ne pas prendre l'accent traînant des Auvergnats qui en ajoute à son air indolent. D'ailleurs, si André s'est mis à courir, c'est parce qu'il était toujours en retard à l'école. Il est certaines habitudes dont il est difficile de se départir : il a aussi manqué tous ses rendez-vous olympiques.

« Lacour s'entraîne comme un Sioux ! »

Prenons celui de 1976. Il est présélectionné pour la troisième fois consécutive. Le ticket pour les Jeux de Montréal est à gratter à Otrokovice, en Tchécoslovaquie. Sauf que, ce jour-là, André a mal aux dents, et les Olympiades lui filent sous le nez. « C'est normal : Lacour, il s'entraîne comme un Sioux ! », juge durement un cadre de la fédération. Mais il ne faut pas être bien rusé pour ne pas voir en lui un grand coureur. Imaginez que pour son premier marathon, en 1966, il finit à 1'30" du champion de France en titre, un certain Alain Mimoun. L'année suivante, il le détrône en établissant un nouveau record national et… « tout le monde s'en fichait ! », se souvient André qui lui-même n'y attache guère d'importance. Quant à ses déconvenues olympiques… « Je n'avais pas le temps de multiplier les courses pour me faire valoir auprès de la fédération. J'avais une vie professionnelle intense qui m'obligeait à me concentrer sur un seul objectif », analyse-t-il sans amertume.

Jean-Pierre Eudier est le premier à entrer dans l'histoire du marathon de Paris.

« Effervescence intellectuelle »

Et quelle vie professionnelle ! Cette même année 1976, André est maître de conférences à la faculté de Clermont, cherche à développer un processus de fabrication de poudres sous plasma pour des turbines d'avions à réaction et se creuse la tête pour une thèse d'État en métallurgie thermochimique. « À cette époque, j'étais en pleine effervescence intellectuelle ; physiquement, je semblais increvable. »

Il enchaîne les marathons et se régénère sur la piste. Celle de la section athlétisme du Clermont Université Club dont il s'occupera durant plus de vingt ans. Largement le temps d'y prendre ses habitudes : « Le stade, c'est mon bistrot. » Mais sa femme ne lui en tient pas rigueur tant il prend soin de multiplier les activités avec elle : tennis, ski, randonnées… Sans oublier l'arrivée, en 1976 toujours, d'un quatrième enfant à qui il faudra apprendre à devenir ingénieur. Comme ses frères et sœurs, comme papa. Alors on peut bien lui excuser ce petit pas-

CETTE ANNÉE-LÀ…

Mao Zedong, fondateur du Parti communiste chinois, disparaît. (9 septembre)

La France chante « Daddy cool » de Boney M.

Patrick Poivre d'Arvor présente son premier 20 heures sur Antenne 2.

Le film « l'Empire des sens » de Nagisa Oshima fait scandale.

10 février : première conférence Nord-Sud à Paris.

19 mai : premier tirage du Loto. Personne ne gagne le gros lot.

16 juin : dans l'Afrique du Sud de l'Apartheid, 23 personnes périssent lors du massacre de Soweto.

28 juillet : Christian Renucci est guillotiné, c'est le dernier condamné à mort exécuté en France.

Un tremblement de terre, le plus meurtrier du XXe siècle, fait 240 000 morts selon le bilan officiel (700 000 pour les experts occidentaux) à T'Ang Chan en Chine.

22 juillet : Guy Drut remporte la médaille d'or sur 110 mètres haies aux Jeux Olympiques de Montréal.

André Lacour fusionne mieux avec les sentiers auvergnats qu'avec les allées du bois de Boulogne.

sage à vide au marathon de Paris. Il explique « qu'il s'agissait d'un Championnat de France, pas d'un marathon populaire ». Ce 18 septembre 1976, dans le bois de Boulogne, personne n'imagine prendre part à un événement. Surtout pas André, trop occupé à trouver quelle voie choisir. Il avoue trente ans après qu'il se sent « encore un peu perdu. Ça partait à droite, à gauche… Des relances perpétuelles… Je ne vois plus que des barrières le long des pelouses… »

L'esprit bouillonnant est passé en surchauffe ce jour-là. Saoulé de foulées. Voilà un bon moyen pour décrocher du haut niveau. Pour André, c'est le début d'une autre histoire ; pour le marathon de Paris, c'est l'Histoire qui débute. ■

André Lacour

Né le 1er mars 1940
Profession : retraité, ancien maître de conférences à l'université de Clermont-Ferrand
1er marathon : à Fontainebleau en 1966
Meilleur chrono : 2 h 18' 5"
Plus de 125 marathons courus à ce jour

EN CE 11 JUIN

1977

Gérard Métayer (France) gagne en 2 h 30' 41''

87 arrivants

Gérard Métayer
Acheteur dans le BTP

La bête à bornes

Gérard a toujours été fasciné par le grand banditisme. En 1977, il n'a pourtant pas volé sa victoire au marathon de Paris, obtenue au prix d'un entraînement de forcené. Il s'est tué à la tâche pour s'illustrer sur quelques faits d'armes.

Avec sa carrure et son envie d'en découdre, on l'imagine volontiers dans les *Tontons Flingueurs*. Il faut dire que le monde du banditisme lui a inspiré sa voie dès le plus jeune âge : « J'ai commencé la course à l'âge de dix ans. L'envie m'est venue en jouant au gendarme et au voleur : j'ai compris que je me débrouillais mieux que les autres parce que je ne me faisais pas rattraper. » Il décide alors de travailler sa foulée ; à quatorze ans, il s'inscrit au club d'athlétisme de Viry-Châtillon. On est certes loin de l'association de malfaiteurs, mais Gérard gravit les échelons avec un seul objectif en tête : « Être un caïd parmi les caïds du club. »

Sauf qu'il comprend vite qu'il n'a pas de « prédispositions particulières pour la course ». Et la concurrence est d'autant plus rude que, dans les années 1970, il n'y a pas que des seconds couteaux à l'ES Viry. On ne lui laisse pas le choix : il doit recourir aux méthodes radicales. Ce qui n'est pas pour lui déplaire… « Je me suis mis à m'entraîner trois fois par jour. Ma première sortie avait lieu à 5 heures du matin. Je partais de suite à 16 km/h, sans échauffement. Puis, je recommençais à midi et le soir, après le travail. Je courais entre les pistes d'Orly et l'A6. C'était pas le pied, mais j'en voulais. D'ailleurs, au club, on m'appelait "la bête à bornes" : j'étais le seul à m'avaler 250 kilomètres par semaine. » En revanche, il ne s'autorise qu'un repas par jour.

Gérard Métayer

Né le 18 décembre 1946

Profession : Responsable achat dans le BTP

1er marathon : à Nivelle, en 1974

Meilleur chrono : 2 h 29'

80 marathons courus à ce jour

Asphyxié par un flic en mobylette

Ce remède de cheval n'est pas sans effets secondaires et Gérard devient nerveux lorsqu'il ne part courir que deux fois dans la journée. Il avoue : « Bien sûr, ça a pesé sur ma vie personnelle. Mais je n'ai pas divorcé, alors que je connais beaucoup d'autres coureurs qui en sont passés par-là. Ma femme devait apprécier que j'aille courir, comme ça elle avait la paix ! » Surtout avant les compétitions. « À l'époque, on ne faisait pas l'amour deux jours avant un marathon », se rappelle-t-il. Cette rigueur va rapidement porter ses fruits.

En mai 1977, Gérard remporte les Championnats de France de 100 kilomètres ; en juin, il s'offre le marathon de Paris. « J'étais tellement préparé que j'étais sûr d'y faire quelque chose ». Il n'y a que 87 arrivants cette année-là ; pour autant, on ne peut pas parler de hold-up puisqu'il finit avec dix minutes d'avance sur le second. Il aurait même pu remettre ça l'année suivante si la police n'était pas intervenue :

« Y avait un flicard qui ouvrait la route en mobylette. J'ai pris ses gaz sur des kilomètres et, à force, j'ai eu envie de vomir. Je me suis arrêté un instant, j'ai dû laisser filer Coutant *(le vainqueur)*. » Quelques années plus tard, il participe à une course de six jours. Le principe est simple : il suffit de courir pendant 144 heures. « Au bout de la 45e heure, ma tension est tombée à 7 », raconte-t-il.

Du papier tue-mouche en cadeau

Ses faits d'armes lui vaudront une certaine notoriété. Il affirme ainsi : « Quand j'allais courir dans des petits bleds, on me présentait toujours comme le vainqueur de Paris. » Les récompenses ne sont pas toujours à la hauteur de sa renommée et Gérard se souvient « de marathons où, en arrivant deuxième, j'ai gagné du papier tue-mouche ».

Un mystère entoure cette photo : l'homme torse nu et en short blanc est-il bien l'acteur Michel Creton ?

On peut trouver le butin léger compte tenu des efforts consentis. Ça ne l'empêchera pas de se soumettre dix ans durant à son « entraînement démentiel », jusqu'en 1986. « Avec la naissance de mon deuxième enfant et ma femme qui travaillait, je ne pouvais plus m'entraîner comme je voulais, ni obtenir les résultats que je voulais. Courir à moitié, ça aurait gâché mon plaisir. J'ai préféré arrêter. » De toute façon, il s'est découvert une autre passion dans laquelle il s'investit à fond : les tueurs en série. « Je compte bien écrire une encyclopédie sur eux, j'ai déjà réalisé 700 fiches de tueurs », précise-t-il. Celle-ci est peut-être la 701e. ■

CETTE ANNÉE-LÀ...

Sacre de l'Empereur de Centrafrique Jean-Bedel Bokassa, auquel assiste les principaux responsables politiques français. (4 décembre)

La France chante « Rockcollection » de Laurent Voulzy et « Hotel California » des Eagles

George Lucas réalise Star Wars (La guerre des étoiles).

31 janvier : Inauguration du Centre Georges-Pompidou à Paris.

25 mars : Jacques Chirac devient le premier maire de Paris.

31 juillet : Un manifestant trouve la mort lors d'une émeute antinucléaire à Creys-Malville contre la construction du surgénérateur Superphénix.

16 août : Le « King » Elvis Presley est mort. Un mois plus tard, ce sera le tour de la Callas.

23 août : RCA annonce la commercialisation du premier magnétoscope VHS.

EN CE 27 JUIN

Gilbert Coutant (France) gagne en 2 h 34' 55''

1978

148 arrivants

Émile Warlaumont

Policier

Du bitume à la table des Chirac

Il a terminé sur le podium du marathon de Paris en 1978. Pourtant, c'est incontestablement l'édition de 1979 qui l'a le plus marqué. Invité à courir le marathon par Alain Mimoun, son « père spirituel », le brigadier Warlaumont s'est ensuite retrouvé à la table des Chirac.

Émile ? C'est celui qui est derrière Mimoun sur la photo. Il a le dossard 141, le sourcil aussi épais que sa moustache et l'air aux aguets. « Si je me tenais derrière lui, c'est que je n'aurais jamais osé être devant. Mais sur le parcours, y en a qui criaient que j'étais son gorille. Ils n'ont pas dû bien me regarder : je fais 1,70 m pour 59 kg... » Méfions-nous quand même du brigadier Warlaumont, c'est un nerveux. Et ce 24 juin 1979, au départ du premier marathon dans les rues de Paris, il l'est particulièrement. Au point de ne même pas se rendre compte que le peloton n'a pas attendu la fin du discours de Jacques Chirac, jeune maire de Paris, pour s'élancer. Émile est trop préoccupé : va-t-il réussir à suivre Alain Mimoun ? Le champion a été invité à faire « un tour d'honneur » de 42,195 kilomètres. À 58 ans, il a préféré le courir accompagné; il a naturellement pensé à Émile. « Il disait que j'étais son fils spirituel. C'était pour me faire plaisir, parce qu'il savait que je n'avais pas de parents. »

En 1979, le brigadier Warlaumont (n° 141) est le «gorille» de Mimoun (n° 1).

« On mettait les mauvais sur marathon »

Les deux hommes se sont rencontrés quinze ans plus tôt, à l'entraînement, à la villa Saint-Maur, dans la région parisienne. L'un avait été champion olympique de marathon lorsque l'autre s'était tout juste mis à courir. À l'Assistance Publique, on avait sélectionné Émile pour participer à une rencontre athlétique avec les élèves des grandes écoles. Puis il s'est illustré en Algérie : il a été le dernier Français champion d'Alger sur 10 000 mètres. Revenu en France, il est devenu ébéniste. Le premier conseil de Mimoun a alors été le suivant : « Arrête de courir si tu fais ce métier. Sinon, tu vas te fusiller ! » Émile choisit donc d'entrer dans la police pour continuer la course. Sans pour autant se faire d'illusion sur ses capacités. Ainsi parle-t-il du podium du marathon de Paris 1978 : « Que ce soit Coutant, Métayer ou moi, on était des clowns. On se défonçait la gueule sur 42 bornes, mais on ne peut pas dire qu'on était de bons coureurs. » Tous trois *(et la centaine d'autres coureurs)* ont eu beau souffrir ensemble de la chaleur et de la circulation dans le bois de Boulogne, Emile reste catégorique : « À l'époque, c'étaient les mauvais athlètes qu'on mettait sur marathon. » Difficile de se prendre pour un dieu du stade quand on en a côtoyé un de l'Olympe... Et l'année suivante au marathon de Paris, c'est bien Mimoun qui est à l'honneur. « À l'arrivée, Jacques Chirac est venu le saluer. J'en ai profité pour lui serrer la main. Mais bon, moi, je suis rien, alors je l'ai attendu dans ma voiture pendant qu'on le présentait à la foule. Puis les Chirac l'ont invité à leur table et Mimoun leur a dit – vous savez, avec son accent – "j'peux pas là, j'suis avec mon copain !" Bernadette lui a répondu que je pouvais venir aussi. Ce jour-là, elle était en survêt. Elle m'a expliqué au repas qu'elle s'était entraînée pour courir le semi, mais que finalement on lui avait conseillé de ne pas le faire. Elle me racontait ça pour me détendre. » Autant dire que cette rencontre lui a laissé un souvenir impérissable, d'autant qu'il sera amené par la suite à recroiser les Chirac. Ce qui ne lui a pas valu que des amitiés, pense-t-il encore aujourd'hui. « Les flicards d'en haut n'osaient pas me faire de réflexion, mais ils attendaient que je fasse une erreur pour m'aligner. » Le brigadier Warlaumont n'a guère mérité cette jalousie, lui, si intègre, qui n'a jamais rien demandé. ■

Émile Warlaumont

Né le 2 mars 1941
Profession : Ancien brigadier
1er marathon : à Fontainebleau en 1967
Meilleur chrono : 2 h 25'
Une vingtaine de marathons courus à ce jour

CETTE ANNÉE-LÀ...

À Camp David aux États-Unis, le président égyptien Sadate et le Premier ministre israélien Begin signent un accord de paix. (17 septembre)

« Ça plane » pour Plastic Bertrand tandis que les Village People chantent « YMCA ».

Le Rubik's Cube est commercialisé.

Le nombre de téléviseurs couleur vendus en France dépasse celui des téléviseurs en noir et blanc.

Alan Parker plonge dans les prisons turques avec « Midnight express ».

16 mars : le naufrage de l'« Amoco Cadiz » provoque une marée noire en Bretagne.

9 mai : le chef de la démocratie chrétienne italienne Aldo Moro est assassiné par les Brigades rouges.

25 juillet : Louise Brown, le premier bébé éprouvette, naît en Angleterre.

22 octobre : Le Polonais Karol Wojtyla devient le pape Jean-Paul II après les 33 jours de pontificat de Jean-Paul Ier.

Cette année-là, le brigadier découvre que la course sur route n'est pas réservée aux forçats du macadam.

CÔTÉ FEMMES

« CHÉRI, J'AI UNE COURSE À FAIRE »

Pas de femme au départ des trois premières éditions du marathon de Paris. Depuis, chaque année plus de 5 000 coureuses font flamber le bitume parisien. Pour en arriver là, il leur a fallu gagner sur elles-mêmes et surtout sur les autres. Suivez notre regard…

« Le rôle des femmes devrait être avant tout de couronner les vainqueurs. C'est contre mon gré qu'elles ont été admises à un nombre grandissant d'épreuves. » Il est des propos qui pèsent lourd sur l'avenir du sport féminin. Ceux du baron Pierre de Coubertin, père des Jeux modernes, remontent aux JO de 1928 et augurent du combat que devront mener les coureuses pour échapper à la clandestinité sur les épreuves de fond. C'est cachées, déguisées, travesties en homme ou sans dossard que les pionnières du marathon ont déroulé leurs premières foulées. En 1967, au marathon de Boston, l'Américaine Kathie Switzer veut courir à visage découvert : un membre de l'organisation tente de l'expulser.

Il faut attendre 1972 et les marathons de New York et Neuf-Brisach pour voir les premières femmes participer librement à une épreuve « open ». Leur combat ne fait que commencer : les marathoniennes restent privées d'Olympiades jusqu'aux JO de Los Angeles, en 1984. En France, le règlement fédéral leur interdit le marathon jusqu'en

Aujourd'hui, plus de 5 000 femmes triomphent sur le bitume parisien.

Gaz de France
15539
21895

1974. Et, malgré les meilleures performances mondiales de Chantal Langlacé en 1974 et en 1977, le Championnat national sur la distance ne leur sera ouvert qu'en 1980, à Montataire.

Installées dans le peloton

En 1979, elles apparaissent enfin sur le marathon de Paris ; pas une femme n'était au départ des trois premières éditions. Quand le marathon sort du bois de Boulogne, les marathoniennes françaises sortent de l'ombre et raflent, à partir de 1981, presque tous les podiums parisiens pendant six ans. Maria Rebelo, Jocelyne Villeton, Anne-Marie Cienka, Sylviane Levesque et bien d'autres animent la course féminine. Bien que largement minoritaires (à Paris, le taux de participation féminine ne décollera pas des 5 % avant 1998), les femmes sont désormais « installées » dans le peloton. Le coup d'arrêt de cette grande époque française sera donné par une véritable razzia portugaise en 1988. Puis, c'est au tour des Japonaises de marquer les esprits en faisant descendre le record féminin sous la barre des 2 h 30. Désormais, presque chaque édition donnera lieu à de nouveaux records, qu'il s'agisse des chronos ou du nombre de participantes. 1 960 marathoniennes sont au départ en 1997. L'année suivante, le taux de participation féminine monte à 10 %. En 2004, on compte 15 % de femmes dans un peloton qui a lui-même explosé. À l'image de Raymonde Cornou (voir pages 54-55) les femmes ont conquis leur place à force de foulées bien placées. Ces « fabuleuses anonymes » ont eu leur avant-garde, des défricheuses... Les athlètes de haut niveau.

Une confrontation bénéfique

Les coureurs ont toujours été contents de les croiser. Maria Rebelo, vainqueur à Paris en 1986, précise, un rien taquine : « Une concurrence existait avec les hommes qui couraient en 2 h 30. En fait, on était des points de repère pour eux, car plus régulières. En se calant dans notre foulée, ils savaient que la course serait bien menée, bien gérée. » L'émulation est bénéfique à tous ; les femmes n'ont pas manqué de s'appuyer sur les hommes. Leurs compagnons, maris, frères, pères ou amis coureurs se prêtaient volontiers au rôle d'éclaireur et d'entraîneur. Anne-Marie Cienka se souvient : « Les coureuses étaient toujours entourées d'hommes. On ne s'entraînait qu'avec eux et ils étaient plutôt admiratifs de nos compétences. » Mais d'ajouter : « Avoir un mari entraîneur est une situation à double tranchant, car les réussites comme les échecs sont mis sur le compte de la vie conjugale. » Pour Jocelyne Villeton, « mariée à un copain d'athlé », les choses sont claires : « C'est grâce à Michel que j'ai pu atteindre le haut niveau. S'il ne s'était pas occupé des enfants comme il l'a fait, rien n'aurait été possible pour moi. »

Machine à laver

Heureuses en amour, malheureuses en argent : l'absence de primes, puis l'octroi de montants moins élevés que pour les hommes montrent que les femmes sont entrées dans la compétition par la petite porte. Les faits parlent d'eux-mêmes. Chantal Langlacé, vainqueur à Paris en 1981, raconte : « Ma récompense ? Je crois que c'était une machine à laver, mais je ne l'ai jamais eue. Rien n'était prévu pour les femmes. » Aujourd'hui, l'égalité des récompenses est de mise au marathon de Paris, ce qui est loin d'être le cas partout. Alors, une association, Femmes en course pour la parité, a été créée en 2001. Présidée par Jocelyne Villeton, elle rassemble des pionnières de la course, qui restent les plus vigilantes en la matière. Ce sont elles qui ont essuyé les plâtres, qui ont dû à la fois se battre pour leur place dans le peloton et dans la société. À l'image de Maria Rebelo, qui avoue : « Le plus difficile, ce n'est pas la course, mais de gérer au mieux les enfants, l'entraînement de haut niveau et le travail. » La compétition en course de fond n'offrant pas de garantie de rémunération, mieux vaut garder un pied dans le monde professionnel, avoir un métier. D'autant que les femmes refusent que le sport les cantonne au seul rôle de coureuse. Pour Chantal Langlacé, les exploits sportifs doivent aller de pair avec les performances de la vie en général. « Lorsque j'ai pris un congé sans solde pour être athlète à plein temps, au niveau sportif, ça n'a pas fonctionné. Ne faire que ça : courir, manger et puis dormir, ce n'est ni sain ni enrichissant. » Être une femme est une lutte de tous les instants.

Une progression étonnante

La meilleure justification de ce combat n'est-elle pas la spectaculaire progression des performances féminines ? Car, si l'égalité est en marche lente, le chrono féminin, lui, progresse rapidement. Sur le marathon de Paris, entre 1982 et 2002, les femmes ont gagné trente-trois minutes, contre moins de six pour les hommes. Étant depuis moins longtemps sur les courses, elles ont une marge de progression plus importante. Mais de là à se placer à dix minutes du record masculin... Le 13 avril 2003, à Londres, la Britannique Paula Radcliffe a porté le record féminin à 2 h 15' 25''. Les marathoniennes sont-elles en passe d'égaler les hommes ? L'heure n'est plus au débat. Aujourd'hui, les femmes courent, pour le record ou le plaisir, tout simplement. Et, à Paris, elles sont de plus en plus nombreuses à le faire. ■

Quand les hommes sont aux petits soins des marathoniennes...

... l'épreuve parisienne prend des couleurs, de la bonne humeur...

... et une bonne dose d'émotion une fois la ligne franchie.

Entre le marathon et les femmes, le plaisir est désormais partagé.

À voir la forte progression des chronos féminins, on ne peut qu'avoir le sourire.

EN CE 24 JUIN

1979

Fernand Kolbeck (France) gagne en 2 h 18' 53''
Vreni Forster (Suisse) gagne en 2 h 51' 14''

1 953 arrivants

Georges Salzenstein
Navigant

« J'ai déposé Mimoun au Panthéon »

L'homme qui a créé l'Amicale française des coureurs de fond (AFCF) regrette de n'avoir pu accéder au panthéon des athlètes. Mais cet ancien navigant d'Air France, à l'image des vrais champions, a su garder sa passion intacte : depuis cinquante ans, la course lui donne des ailes.

Il écarte les pans de sa veste, soulève son polo. Georges, à 63 ans, exhibe fièrement un ventre musclé et bien bronzé à la terrasse d'un café de la Bastille. Son sourire franc et simple ne disparaît que lorsqu'il évoque « les gros, les gras » et autres ventripotents. « On n'admire pas les sédentaires. Les sportifs, eux, on les regarde avec d'autres yeux. » Sans doute pense-t-il à ceux d'un enfant de douze ans qui voit Zatopek, Kutz et Chromik survoler le Cross de *l'Humanité*. On est en 1954 à Vincennes, le jour où il a couru pour la première fois, quelques heures avant ses idoles. « C'était un rêve… » Il a fait place à quelques regrets. Georges aurait aussi aimé être un champion. Mais il tempère aussitôt : « Beaucoup perdent leur passion dès qu'ils ne sont plus aux avant-postes. Moi, j'ai su garder la mienne intacte. » Depuis cinquante ans. Depuis qu'il doit gagner sa croûte. « J'ai passé mon certificat d'études à 13 ans. C'était un vendredi ; le lundi, je travaillais dans un atelier de confection. » Ses seuls moments de détente, il les passe à courir.

« On va tous à New York en avion ! »

De kilomètres en petits boulots, il apprend à voler de ses propres ailes et, à 25 ans, il trouve enfin un travail qui le transporte : steward chez Air France. Sa vie tourne autour de deux distances : 10 000 mètres d'altitude et 42,195 kilomètres de plénitude. En 1973, il prépare son premier marathon à Metz comme il le fera pour les 73 autres, avec sérieux et engagement. « Quitte à ce que la course passe parfois devant les obligations familiales. » Avec un seul but : « Ne jamais abandonner. J'en ai fait une affaire d'honneur. » Même à New York, en 1978, où il est un des rares Français à courir et où il connaît une grosse défaillance. Ce marathon-là, va changer sa vie. Depuis peu, l'épreuve est sortie de Central Park pour traverser les fameux « five boroughs ». Georges se souvient « des centaines de milliers de spectateurs qui nous encourageaient le long du parcours. J'étais tellement bouleversé que, de retour à Paris, j'ai publié une annonce dans *Courir* et *Spiridon*. » Elle disait à peu près ceci : « Cette course est extra. Si vous êtes intéressés, je loue un avion et on y va tous ensemble ! » Chez Air France, on le prend pour un doux dingue. Pourtant, 420 personnes feront le déplacement en 1979. Ce sont les débuts de l'AFCF, l'Amicale française des coureurs de fond, pour qui il va mouiller le maillot vingt ans durant, louant 22 Boeing 747 et un Concorde pour amener plus de 15 000 coureurs français à New York.

Surprise à la mairie du Ve

Cette même année 1979, il court bien sûr le marathon de Paris. Celui-ci se décide aussi à sortir du bois de Boulogne pour investir la ville. Et de quelle manière ! « Le parcours faisait le tour des mairies de Paris. Une idée géniale, même si ça a bouché tout le centre. C'était un 24 juin, les rues étaient bondées, les gens avaient envie de faire la fête. Il y avait des animations devant chaque mairie ; c'était un spectacle permanent. On se demandait chaque fois ce qui allait nous y attendre. » Devant celle du Ve arrondissement, Georges a droit à une vraie surprise. Alain Mimoun, qui a dû souffrir de la chaleur et des côtes, est en difficulté. « Je l'ai déposé au Panthéon », s'amuse-t-il. Puis il se reprend, de peur d'avoir enterré trop vite une icône : « Je n'avais que 36 ans, lui en avait déjà 58. » Un âge que Georges a aujourd'hui dépassé. Une opération à cœur ouvert, de sérieux problèmes aux genoux : désormais, il n'est plus vraiment question de marathon. Mais de courir, oui. Pour la passion. Comme les vrais champions. Comme Mimoun. ■

Georges Salzenstein

Né le 13 septembre 1942
Profession : ancien navigant d'Air France
1er marathon : à Metz en 1973
Meilleur chrono : 2 h 44' 21''
74 marathons courus à ce jour

Le navigant s'envole sur le bitume

CETTE ANNÉE-LÀ…

L'ayatollah Khomeyni s'empare du pouvoir en Iran après les violentes émeutes qui ont renversé le chah Pahlavi. (1er février)

La France vire disco avec « Born to be alive » de Patrick Hernandez et « Le freak » de Chic.

Sony invente le Walkman et s'associe à Philips pour développer le Compact Disc.

26 mars : l'augmentation de 20% du prix du pétrole marque le début du second choc pétrolier.

5 mai : Margaret Thatcher devient Premier ministre de Grande-Bretagne. Elle est la première femme à occuper ce poste.

2 novembre : Jacques Mesrine, l'ennemi public numéro un, est abattu par la police après l'avoir narguée durant des années.

10 novembre : Mère Teresa reçoit le prix Nobel de la paix.

24 décembre : premier lancement de la fusée Ariane, à Kourou.

MARATHON
AIR FRANCE
97

EN CE 18 MAI

1980

Sylvain Cacciatore (France) gagne en 2 h 25' 50"
Gillian Horowitz (Grande-Bretagne) gagne en 2 h 49' 42"

5 274 arrivants

Fernand Kolbeck
Employé des postes

« T'as déjà vu un cheval se faire masser ou un chevreuil avec un cardio ? »

Quand on commence à courir poursuivi par les gendarmes et qu'on manque de se faire écraser par un train lors d'un Championnat de France, on est forcément un coureur « à part ». Voilà donc l'histoire d'un champion alsacien à tête de mule et aux jambes de pur-sang.

Il essaye un sourire, on dirait une grimace. Comment détendre un tel visage, anguleux et crispé ? La légende sous la photo ne le précise pas. Le portrait est publié en 1976, au zénith de la carrière sportive de Fernand, dans la revue *Spiridon* la bible des « bitumemen » de l'époque. Cet Alsacien y est décrit comme « un dur au mal », sans doute gentil quand on a su l'apprivoiser, mais pas des plus causants avec ses congénères. L'intéressé s'en explique : « Sur les courses, je n'étais pas là pour sourire ; j'y allais comme on va au combat. » C'est d'ailleurs à l'armée qu'il s'est décidé à courir. À vingt ans, ce pupille de la nation a déjà une tête de cabochard, ce qui lui vaut d'être consigné plus souvent qu'à son tour. Jusqu'au jour où il apprend que pratiquer une activité sportive permet de bénéficier de sorties. Fernand choisit la petite foulée et se qualifie très vite pour le Championnat d'Alsace de cross. « Ce jour-là, on m'avait encore privé de sortie, alors, j'ai fait le mur. Les gendarmes m'attendaient sur place, prêts à m'embarquer comme déserteur. Mon entraîneur a essayé de discuter un peu en leur proposant un vin chaud. J'en ai profité pour prendre le départ. Ils ont bien essayé de me courser, mais ils n'ont pu m'attraper qu'à l'arrivée ! »

Sylvain Cacciatore donne le tempo avenue de l'Opéra.

Tête brûlée

De toute façon, il est impossible de le mettre en cage. En 1968, une blessure l'empêche de se rendre au 3 000 mètres steeple des Jeux de Mexico. Qu'à cela ne tienne, il s'essaye aux longues distances et prend le départ du Championnat de France de marathon. C'est son dernier souvenir... avant de se réveiller quelques heures plus tard à l'hôpital. On imagine l'animal vacciné quand, trois ans plus tard, il se présente à nouveau sur la ligne d'un Championnat de France. Cette fois, il remporte l'épreuve avec un record national en prime. Encore trois ans plus tard, toujours pour un Championnat de France, il est en tête quand les barrières d'un passage à niveau se baissent devant lui. Il voit le train arriver, mais se jette devant « pour garder le rythme » et s'en sort avec sa mèche blonde dressée sur le crâne. « J'ai pris un gros risque », résume-t-il simplement. Sa carrière sera à l'image de ces trois marathons, à l'image de cette tête qu'on voudrait brûlée qui, « vaille que vaille, préfère oser plutôt que d'avoir des regrets ». Mais Fernand n'a pas seulement du cran, il sait aussi s'entraîner. Bernard Faure, le préparateur physique et commentateur télé, dit ainsi de lui qu'il a été le déclencheur : « Il venait du 10 000 d'où il a apporté cette notion de qualité à l'entraînement. Il a abattu les arbres ; derrière, il ne nous restait plus qu'à couper les roseaux. » Et quand Fernand déboise, les titres de champion de France tombent : 1971-72-73-74, 1977... Il a tellement la course en tête qu'il ne lui viendrait pas à l'esprit de finir deuxième. Prenez ses marathons de Paris de 1979 et 1980. Il a remporté le premier au terme d'une impressionnante chevauchée solitaire. L'année suivante, obnubilé par la performance, il part « sur des bases folles. Des fois ça passait, souvent ça cassait ». Lui qui a joué « pas mal de courses au bluff » sent qu'il ne peut pas suivre sur ce coup. Abandon. Il le reconnaît aujourd'hui : « Mon caractère ne m'a pas toujours rendu service. » Fernand a rectifié le tir depuis qu'il est entraîneur. « Je retiens davantage mes coureurs que je ne les pousse. » Sur la piste, on lui prête bien encore quelques coups de sang : « T'as déjà vu un cheval se faire masser ou un chevreuil avec un cardio ? » Cependant, croyez-le ou non, cet homme est devenu doux comme un agneau. ■

Fernand Kolbeck

Né le 11 octobre 1944
Profession : retraité, ancien employé des postes
1er marathon : à Fontainebleau en 1968
Meilleur chrono : 2 h 14' 59"
Une cinquantaine de marathons courus à ce jour

Le coureur de gauche a la tête dure comme les pavés. Il s'appelle Kolbeck et a été l'un des meilleurs marathoniens français.

CETTE ANNÉE-LÀ...

fondation en Pologne du syndicat « Solidarnosc » à la suite des grèves dans les chantiers navals de Gdansk. (22 septembre)

France Gall chante « Il jouait du piano debout ».

6 mars : Marguerite Yourcenar est la première femme élue à l'Académie française.

19 juillet : à l'initiative des États-Unis, les Jeux Olympiques de Moscou sont boycottés par 56 pays (dont la Chine et la plupart des pays occidentaux, à l'exception de la France).

31 août : Bernard Hinault devient champion du monde de cyclisme sur route à Sallanches.

4 novembre : Ronald Reagan est élu président des États-Unis.

8 décembre : John Lennon est assassiné a New York devant son hôtel par un fan.

1981

EN CE 24 MAI

Ron Tabb (États-unis) gagne en 2 h 11' 44''
Chantal Langlacé (France) gagne en 2 h 48' 24''

7 003 arrivants

Michel Boutinard-Rouelle
Haut fonctionnaire

Cette année-là, Austerlitz sera son Waterloo...

Michel Boutinard-Rouelle est sérieux en toutes choses. Il a pourtant vécu une liaison avec la course à pied qui a connu son paroxysme lors du marathon de Paris de 1981. L'histoire était trop belle pour durer... Et cet homme de pouvoir a dû rentrer dans les rangs.

En 1981, les organisateurs ont opté pour un parcours plat longeant la Seine.

De fines lunettes dorées en mains, il engage d'emblée une étude, un traité des vertus de la course à pied. « Un exercice de pure régularité », finit-il par résumer. Chez lui aussi, rien ne dépasse. L'homme est brillant, soigné, cultive l'assurance et la réserve, sa belle allure et son verbe impeccable, académique. Et il n'a pas de temps à perdre. Dans son discret bureau de directeur des abonnements du secteur presse au groupe La Poste, les minutes nécessaires à l'évocation de dix ans de jogging quotidien sont arrachées à un emploi du temps de ministre. Ce qu'il n'a jamais été. Mais pas loin. Il est sorti de l'ENA en 1971, il est devenu conseiller de Jacques Chirac. Sa carrière chemine alors entre la Mairie de Paris et Matignon jusqu'en mai 1988. Durant ce temps, il trouve chaque jour l'occasion de faire une infidélité à son costume. Et Michel d'évoquer alors ces moments vécus en jogging avec la nostalgie d'un amour ancien ; il semble qu'il ait beaucoup appris dans les bras de la course à pied. « Ce moment privilégié de détente psychologique et intellectuelle m'était devenu indispensable », avoue-t-il.

Il a le travail et la santé : voilà un homme comblé

Dix ans durant, Michel va s'investir dans cette relation. Ces motivations ? « Garder la tête froide », explique-t-il. « Afin d'éviter la dispersion, de ne pas me défaire d'une certaine constance, pour être tonique, il me fallait accomplir un exercice physique quotidien, j'ai opté pour le jogging. » Il conseille, administre, communique, serre les mains d'un côté. De l'autre, il a besoin d'air, d'aller voir « là-bas » si par hasard il n'y serait pas. L'itinéraire qu'il suit alors n'est plus un secret : le long de la Seine, vers Boulogne et Ville-d'Avray. Puis l'affaire prend de l'ampleur, devient de plus en plus sérieuse ; le directeur des affaires culturelles de la capitale s'entraîne au Racing Club de France et court les marathons. En 1981, à celui de Paris, Michel connaît bien le parcours, tracé le long des berges, qu'il

Michel Boutinard-Rouelle

Né le 8 février 1946 à Paris
Profession : Haut fonctionnaire
Meilleur chrono : 2 h 36' 45 à Beuvrages
15 marathons courus à ce jour.

CETTE ANNÉE-LÀ...

François Mitterrand est élu président. (10 mai)

Michel Sardou chante « les Lacs du Connemara ».

22 janvier : « Dallas » arrive sur TF1.

24 avril : IBM sort son Personnal Computer, le premier PC.

13 mai : attentat contre le Pape Jean-Paul II.

29 juillet : Diana Spencer devient Lady Di.

18 septembre: abolition de la peine de mort en France.

6 octobre : le président égyptien, Anouar el-Sadate, est assassiné par des soldats islamistes.

17 septembre : le TGV Paris-Lyon entre en activité.

9 novembre : autorisation des radios libres en France.

13 décembre : coup de force du général Jaruzelski en Pologne, l'état de guerre est déclaré, le syndicat ouvrier « Solidarnosc » est dissous, 6 000 opposants au régime arrêtés.

Ce haut fonctionnaire peut s'inquiéter : sa vie professionnelle va vite gagner du terrain sur sa passion, la course à pied.

a tant empruntées. Il ne fait pas beau, mais son chrono est bon. 2 h 41'. Il a le travail et la santé, sa passion est intacte ; Michel est un homme comblé. Jusqu'à l'année suivante où tout s'écroule. Le temps est chaud, Michel aussi, et il démarre trop vite, c'est le coup dur, net et précis, les jambes de bois à la trentième borne, « le mur » gare d'Austerlitz. Une claque, une grande déception. « Vous vous préparez à fond, vous surveillez votre poids, vous mobilisez votre entourage, mais l'entraînement du dernier mois est peut-être trop fatigant… Alors on ne peut pas se permettre d'aller 10 ou 15 secondes trop vite au 30e km. » Voilà d'où vient la fameuse leçon de régularité.

« Mauvaise conscience »

Quatre autres marathons suivront, toujours dans de très bons temps, mais Michel n'est « plus au maximum de ses performances » et la vie professionnelle reprend du terrain. Conseiller technique pour la culture, la jeunesse et les sports à Matignon, il n'a plus le temps de cavaler comme avant. Sa vie familiale le retient aussi : « Je me suis marié tard et je ne voulais pas imposer cela à mon entourage. Il y a un phénomène de mauvaise conscience qui s'installe. Je me suis alors tourné vers les sports que l'on dits "portés", le vélo et la natation, moins nocifs pour mes articulations et mon organisme. » Aujourd'hui encore, il ne peut passer une semaine sans faire de sport. Mais cette folle histoire avec la course fait bel et bien partie de son passé. ■

1976-2006

COURT-ON PLUS VITE ?

À voir l'amélioration constante des meilleures performances françaises et mondiales, la réponse à cette question semble évidente. D'autant que les techniques d'entraînement ont beaucoup évolué. Pourtant, quand on ausculte les résultats du peloton, il n'est plus si évident que les marathoniens français soient plus rapides aujourd'hui qu'hier.

En 1976, il était prévu que l'on court le marathon en moins de deux heures avant 2006. C'est en tout cas ce qu'extrapolèrent, à partir des chronos de l'époque, les scientifiques américains Ryder, Coleman et Carr. On en est encore loin. Le record mondial est passé de 2 h 8' 34'' à 2 h 4' 55', chez les hommes et, pour les femmes, de 2 h 38' 19'' à 2 h 15' 25''. Ces progrès restent spectaculaires et l'évolution des méthodes d'entraînement y a joué un rôle prépondérant. Bernard Faure, préparateur physique et ancien champion de France de marathon, résume : « À la fin des années 1960, on ne travaillait que le foncier. Les coureurs bouclaient le marathon en 2 h 20 *(soit à plus de 18 km/h)* en ne s'entraînant qu'à 12 km/h ! Puis, vers la fin des années 1970, des coureurs venus du 10 000 mètres ont amené les notions de qualité, de fractionné. Les méthodes d'entraînement n'ont pleinement tiré parti de ces différentes approches qu'à partir de la fin des années 1980. Elles se sont alors très vite généralisées. »

Les marathoniens ont aussi bénéficié de l'amélioration des conditions de vie. « L'alimentation, la prévention des maladies, les

Les performances ont profité de la forte technicité du sport.

En France, on compte trois fois moins de coureurs au-dessous des 2 h 30 qu'il y a vingt ans.

méthodes de récupération, l'évolution de la taille moyenne… » Pour le Dr Jean-Pierre de Mondenard, médecin du sport, il existe un faisceau de raisons expliquant pourquoi les coureurs tiennent mieux la distance. « Alors qu'au début des années 1970 un concurrent sur deux ne terminait pas les grands marathons populaires, presque tous franchissent la ligne aujourd'hui », remarque-t-il.

Zone rouge

Mais, entre un exploit personnel et un record mondial, les enjeux ne sont pas les mêmes. Les moyens employés non plus : « Les physiologistes ont aidé les marathoniens à mieux se connaître, témoigne le Dr de Mondenard. Ils sont désormais assistés sur les trois points clés du marathon : les contraintes thermique, énergétique et mécanique. Ceux qui pratiquent au plus haut niveau se testent en laboratoire et savent quels sont leurs seuils de tolérance. Notamment leur limite d'acidose, ce qui leur permet de rester en deçà de cette zone rouge où l'on produit trop d'acides lactiques qui bloquent les muscles. » Ils fournissent ainsi un effort optimal sur la longueur. Une autre zone rouge a en revanche été franchie : celle de l'augmentation du transport d'oxygène vers les muscles grâce à l'EPO. Le Dr de Mondenard fait remarquer : « On ne peut pas faire comme si cette hormone n'existait pas ! » Et d'ajouter : « Si à l'avenir on supprimait le dopage, les records seraient battus avec vingt ans de retard. » Ce qui serait fort préjudiciable à la place qu'occupe désormais l'argent dans le sport… Les primes sont peu à peu venues se greffer sur l'émulation qui pousse les athlètes à courir après les records. Dominique Chauvelier se souvient qu'en 1997 « un équipementier offrait 1 million de dollars à qui battrait le record américain du marathon ». Le chrono est devenu une valeur monnayable, voire un critère de participation. Il est d'ailleurs intéressant de constater que, depuis trente ans, aucun des records mondiaux sur marathon n'a été établi lors de Championnats internationaux ou de Jeux Olympiques.

Nous voilà loin de « la vague d'enthousiasme qui déferle sur la France » évoquée par Yves Seigneuric, du service statistiques de la Fédération française d'athlétisme. Cet ancien du mouvement Spiridon a accompagné le développement de la course sur route dans les années 1970 : « À cette époque, le nombre d'organisations et les performances ont explosé. En 1976, 335 coureurs bouclaient le marathon en moins de trois heures. Ils étaient 2 827 en 1980, puis 4 670 en 1987. Cette dernière année est le point culminant en termes de nombres de courses organisées, de performances et de participation. À partir de là, il y a eu stagnation, puis régression. » Aujourd'hui, en effet, on observe que la France compte trois fois moins de coureurs au-dessous des 2 h 30 qu'il y a vingt ans. Certaines performances, comme les 2 h 6' 36'' réalisés par Benoît Z à Paris en 2003, tendent à le faire oublier. Mais Dominique Chauvelier, qui est dans le circuit depuis plus de trente ans, est là pour rappeler que « les bons coureurs régionaux ont disparu et le niveau général a baissé ».

Rajeunissement des pelotons

Il y a pourtant de plus en plus de marathoniens. Statistiquement, cela devrait permettre à davantage de coureurs possédant un potentiel naturellement élevé de s'exprimer. Sauf que ce n'est pas le cas en France. Et l'augmentation de la moyenne d'âge des coureurs n'y est pas étrangère. Bruno Lacroix, rédacteur en chef de *Jogging International,* souligne ainsi : « On peut certes élever son niveau individuel à tout âge. Mais l'amélioration globale des performances passe par un rajeunissement des pelotons. » L'élite a besoin d'une base de jeunes athlètes pour lui servir de moteur et l'alimenter. Or, selon Yves Seigneuric, « ces coureurs qui ne sont pas encore assez performants pour gagner leur vie de la course sont oubliés des différentes instances. L'afflux de concurrents étrangers n'encourage pas non plus les jeunes athlètes français à se lancer sur le fond. » Sans oublier que ce sport n'a plus l'attrait de la nouveauté qu'il pouvait avoir dans les années 1970. Les adolescents lui préfèrent aujourd'hui des activités jugées moins rébarbatives. Alors, des années passeront avant qu'ils ne rêvent de faire un chrono sur marathon. Trop sans doute pour qu'ils battent les records de leurs pères. ■

Pour fournir un effort optimal sur la longueur, les athlètes de haut niveau se testent en laboratoire…

… et les résultats sont visibles sur la ligne d'arrivée. Ici, la Belge Marleen Renders, détentrice du record parisien.

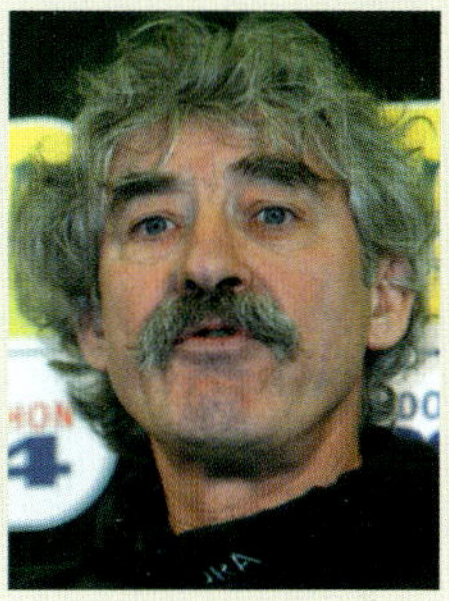

David Bedford

Organisateur du marathon de Londres

« Bien que je ne sois jamais venu au marathon de Paris, je sais que le départ et l'arrivée à proximité de l'Arc de triomphe sont grandioses. Le nombre de participants augmente d'une année sur l'autre, signe de la qualité de cet événement. Quant à la proximité géographique entre Paris et Londres, elle ne peut que renforcer les liens entre ces deux épreuves. »

Allan Steinfeld

Organisateur du marathon de New York

« J'ai un souvenir très particulier du marathon de Paris de 1984. Mon prédécesseur, Fred Lebow, et moi-même avions été consultés par l'organisation pour mettre en place un système de codes-barres. A cette époque où les puces n'existaient pas, il permettait d'enregistrer les temps grâce à un code-barres qu'il fallait décoller des dossards des coureurs. Il y a eu une incompréhension quelque part puisque, ce jour-là, ils ont été collés au mauvais endroit. A l'arrivée, impossible de les enlever. Chaque participant a donc dû donner son dossard aux membres de l'organisation pour qu'ils aillent le scanner dans une pièce informatisée. Vous imaginez le tableau ! Fred Lebow, qui avait décidé de courir ce marathon, l'a terminé en 3 h 40'. Il fut finalement crédité d'un temps de 5 h 15' ! Je me rappelle aussi qu'au départ, pour garder les coureurs derrière la ligne de départ, on les arrosait avec des lances à incendie : efficace, mais un peu humide ! C'était il y a bien longtemps et j'ai pu me rendre compte récemment à quel point cette course avait changé. Il s'agit désormais d'un des tout premiers marathons au monde et d'une épreuve qui s'approprie le meilleur de la ville de Paris. Il réunit son histoire et son peuple autour de grands athlètes internationaux et de milliers de coureurs. Son départ aux pieds de l'Arc de triomphe fait partie, avec le Verrazano pour New York et la porte de Brandebourg pour Berlin, de ceux qui marquent le plus les coureurs. Et, comme six mois séparent le marathon de Paris de celui de New York, tous peuvent faire ces deux épreuves dans la même année. »

« En paix avec moi-même »

« Dès l'arrivée sur le rond-point Porte-Maillot, je regarde ma montre, incrédule. Puis je lève le poing. Je regarde la foule, je regarde les autres concurrents, clamant à l'un d'eux "C'est beau !" tellement j'ai envie de partager ces secondes d'extase. Voici la fameuse ligne droite, l'arche d'arrivée au loin ; je mets mes bras en croix, comme le vainqueur d'une course – j'ai gagné à ma façon d'ailleurs. Je voudrais que cet instant ne s'arrête jamais. Je ne pleure pas cette année, alors que j'ai envie de le faire. Je suis sur un nuage, moment de pur bonheur. Inoubliable. Depuis ce 4 avril, je suis en paix avec moi-même. »

Laurent Michelier
Drumettaz (73)
2 h 41' 39"

Hubert Rocher

Organisateur du marathon du Médoc

« Le marathon de Paris est bien sûr prestigieux, son circuit est sympathique. Et, si New York et Londres sont acquis depuis longtemps au marathon, cela commence à être le cas dans notre capitale. Le marathon du Médoc, qui a toujours été très vivant, contribue à cet événement en apportant des conseils en matière d'animation. Les spectateurs adhèrent de plus en plus et Paris a un marathon à sa taille. Mais il y a désormais beaucoup de participants : c'est une difficulté supplémentaire pour les coureurs. Il faudrait sans doute limiter le nombre d'inscrits, même s'il est difficile d'être obligé de refuser et de faire ainsi des mécontents. »

EN CE 16 MAI

Ian Thompson (Grande-Bretagne) gagne en 2 h 14' 8''
Anne-Marie Cienka (France) gagne en 2 h 56' 14''

1982

7 326 arrivants

Axel Kahn
Généticien

Courir après une explication

L'aiguillon de la compétition a conduit Axel à courir son premier marathon à Paris en 1982, comme il l'a poussé durant toute sa vie de chercheur. Mais le célèbre scientifique a toujours préféré courir seul. Pour lui, la course est avant tout une « expérience mentale ».

Après la gare d'Austerlitz personne ne descendra.

Rien ne saurait empêcher les pensées de courir sous son vaste front de chercheur. Il a l'air triste, mais un sourire ample qui incite à en attraper quelques-unes. On comprend qu'il s'agit aussi d'une invite à ne pas le décevoir, un trait tiré sur la médiocrité. Il est exigeant envers les autres, et bien plus encore à son endroit. Peut-il en être autrement lorsqu'on est tout à la fois généticien émérite et penseur; directeur de l'institut Cochin, membre du Comité consultatif national d'éthique et très médiatique défenseur de la recherche publique ? Aucun de ces termes n'est usurpé tant son statut lui a volé de jours et de nuits, d'années de travail. Alors, à 35 ans passés, Axel avait beau courir chaque dimanche et vouloir se mesurer au marathon de Paris, son activité professionnelle restait « peu compatible » avec une préparation qu'il voulait solide. D'autant que « la recherche est aussi une compétition ». Et les autres scientifiques, eux, n'interrompaient pas leurs travaux.

« J'aurais fini en rampant »

C'est Richard Benarous, directeur du département des maladies infectieuses à Cochin, qui finit par lui donner l'occasion de « faire le pas ». Début 1982, il fit part à son ami de son envie de participer au marathon et le mit au défi de le suivre. « Il était beaucoup moins sportif que moi, commente Axel, mais je le savais tenace ! S'il avait terminé ce marathon sans moi, c'eût été le signe d'une supériorité… mentale. Et cette idée m'était insupportable. » Il décida de s'adonner pleinement à la foulée et courut jusqu'à 70 kilomètres par semaine durant trois mois. Fort de cet entraînement, il se laissa glisser dans l'euphorie d'un départ trop rapide. Un raccourci vers « l'horreur » qu'il vécut à partir du 32e kilomètre. « Entre deux spasmes gastriques, je me demandais si j'allais y arriver. » Une seule pensée réussit à l'en persuader : Richard était derrière et terminerait quoi qu'il arrive. Il parvient à franchir cependant la ligne, avec un bon chrono en poche et cette formule vengeresse en bouche : « J'aurais fini en rampant plutôt que de le voir me dépasser ! » A l'évocation de cette joute, Axel s'esclaffe. Après ce marathon, la course redevint ce qu'elle avait toujours été : un parcours dominical d'une vingtaine de kilomètres

CETTE ANNÉE-LÀ...

Michael Jackson sort « Thriller », qui deviendra l'album le plus vendu de l'histoire de la musique.

13 janvier : les 39 heures de travail hebdomadaire et la cinquième semaine de congés payés sont adoptées en France.

15 mars : Fuji lance le premier appareil photographique jetable.

2 avril : l'invasion des îles britanniques des Malouines par l'Argentine déclenche une guerre dont l'issue sera favorable au Royaume-Uni.

4 juin : la France présente le Minitel.

24 juin : Jean-Loup Chrétien est le premier Français à aller dans l'espace.

9 août : 6 morts dans un attentat rue des Rosiers à Paris.

1er décembre : « E.T », l'extra-terrestre de Steven Spielberg, débarque sur les écrans.

« Le Père Noël est une ordure », de Jean-Marie Poiré, fait un tabac.

L'écrivain poète Louis Aragon meurt la nuit de la Nativité.

De toutes les expériences tentées par Axel Kahn, la course fut une des plus marquantes.

dans le parc de Sceaux. À ceci près que, alors qu'il n'avait plus particulièrement d'objectifs, il commença à prendre des aspirines et des corticoïdes avant de courir. Le but ? Dépasser sa douleur et ainsi satisfaire son chronomètre. Et vice versa.

« Sois raisonnable et humain »

Avril 1970. Son père avait mis fin à ces jours en laissant une lettre à son attention. A lui, le plus jeune des frères Kahn. Une sorte d'injonction concluait cette missive : « Sois raisonnable et humain. » Dès lors, il courut après une explication. Chercha en tous sens jusqu'à trouver dans la course « une expérience mentale » dont il attendit beaucoup. Allongea ses foulées pour prolonger « ces longs tête-à-tête à Sceaux durant lesquels cette injonction paternelle prenait une résonance particulière ». S'épuisa chrono en main à vouloir remonter le temps. Et arrêta finalement la course quand il n'y trouva plus que les effets de son propre vieillissement. De toute façon, après quelle réponse courir ? Il n'en existe pas de satisfaisante quand un père philosophe a inscrit le questionnement dans votre patrimoine génétique. ■

Axel Kahn

Né le 5 septembre 1944
Profession : Généticien, directeur de recherche à l'Inserm, directeur de l'institut Cochin
1er marathon : à Paris en 1982
Meilleur chrono : environ 3 heures
2 marathons courus à ce jour

EN CE 14 MAI

1983

Jacky Boxberger (France) gagne en 2 h 12' 38''
Karen Holdsworth (Grande-Bretagne) gagne en 2 h 51' 08''

8 972 arrivants

Martine Laupin
Assistante médicale

Martine Laupin
Née le 5 août 1948
Profession : assistante médicale
Meilleur chrono : 3 h 40'
7 marathons à ce jour

« On me criait que j'étais folle »

Martine Laupin a pris le sport pour compagnon. Alors en 1983, lorsqu'elle découvre la course à pied, elle se lance illico sur le marathon, « pour s'amuser ». En tant que bénévole, cette assistante médicale ne manque jamais le rendez-vous parisien.

« Du sport, j'en ai toujours fait, annonce Martine. Dans la famille on est tous des sportifs. Mon père nous a éduqués comme ça. J'étais la seule fille avec quatre mecs, je me suis accrochée ! » Elle a le cheveu très court, l'air espiègle et un brin farouche, des traits souriants. Elle porte un corsaire et trotte sur des talons compensés. Et elle n'arrête pas. Du matin au soir, elle s'active, elle cavale et se dépense, elle travaille, elle voyage, nage, fait du vélo, de la gym, du roller, de la course. « Je touche à tout, mais je ne suis bonne en rien », dit Martine. Faut voir… Car elle semble bien avoir quelques facilités tout de même. Début 1983, à trente-cinq ans, Martine ne connaît pas encore la course à pied. « C'est un copain du club Vitatop qui m'a proposé de courir le marathon de Paris. » « Je revenais des Antilles, où je faisais de la voile, du tennis et du ski nautique, j'avais une pêche d'enfer, je me suis dit pourquoi pas ! » Quatre mois plus tard, la voilà partie pour 42,195 km. « Je n'ai ressenti aucune douleur, j'étais très surprise, ça m'a encouragée ! » s'exclame-t-elle. À cette époque, les femmes restent rarissimes dans le monde de la course. « C'est surtout les non-coureurs pantouflards qui faisaient des réflexions. J'entendais dire que j'étais folle, que je finirais dans un fauteuil. C'est vrai que l'on n'était pas nombreuses, alors les mecs aimaient bien rigoler avec nous, c'était plutôt sympa. » Quel plaisir pour elle de finir ses courses sous les yeux des badauds bedonnants !

Journées pleines

Martine mène sa barque, et vit seule. Le sport est son plus fidèle compagnon. Et, c'est du sérieux. Toutes les occasions sont bonnes pour lui prouver qu'elle l'a bel et bien dans la peau. Les petites courses parisiennes sont sa spécialité. Il faut qu'elle bouge, qu'elle se sente bien dans son corps. Peut-être parce que ce corps n'a pas toujours été heureux, Martine a vécu des cassures, essuyé des blessures dans sa chair. Elle perd de vue sa « maman biologique » à l'âge de deux ans, et plus tard elle subit une fausse couche. La vie n'a pas été tendre, mais elle n'y pense pas, noie tout ça dans des journées pleines et planifiées. Car Martine est une bosseuse, une femme qui se démène et se dévoue. Elle est bénévole sur la course du Luxembourg, sur La Parisienne, cette super course dédiée aux femmes, sur le semi et enfin sur le marathon de Paris. Deux soirs par semaine, la journée au secrétariat du cabinet médical finie, elle file assurer la permanence de l'Association française des coureurs de fond, l'AFCF. Elle a aussi en charge les séances en piscine naturiste, où elle fait son kilomètre et demi de natation hebdomadaire. Le naturisme, elle pratique ça depuis l'enfance, une activité qui lui tient à cœur, « qui permet de se rapprocher de la nature, d'être bien avec son corps, que l'on soit gros ou maigre », dit-elle.

Un marathon, une douche… et au lit

Dans deux ans, c'est la retraite, Martine l'envisage avec délice et impatience. Les « soixantenaires » ne sont plus ceux d'avant. Ils ont vingt ans de moins, et semblent comme bénis par les dieux de la forme et du bien-être. Martine a couru son dernier marathon à Paris en 1999, « Passée la ligne d'arrivée, j'ai enfourché mon vélo, dit-elle, je suis rentrée chez moi, j'ai pris une douche et me suis endormie comme un bébé. » Pour Martine, les marathons sont non seulement des parties de rigolade, mais aussi des berceuses. ■

CETTE ANNÉE-LÀ…

« Marche des Beurs » ; 60 000 personnes défilent à Paris pour la première manifestation nationale contre le racisme. (3 décembre)

U2 chante « New Year's Day » et Jean Becker nous fait passer un « Eté meurtrier ».

Sanyo propose le premier caméscope grand public.

Motorola commercialise le premier téléphone portable. Il mesure 30 cm.

L'Espagne perd deux grands hommes : le réalisateur Luis Bunuel et le peintre Juan Miró.

26 janvier : à l'Institut Pasteur, l'équipe du professeur Luc Montagnier identifie le virus du sida.

6 février : Klaus Barbie le tortionnaire de Jean Moulin, est extradé en France.

1er avril : la retraite à 60 ans entre en vigueur.

2 juin : le poète et homme d'État sénégalais Léopold Sedar Senghor devient le premier Africain à être élu à l'Académie française.

5 juin : Yannick Noah remporte la finale du tournoi de Roland-Garros.

5 octobre : Lech Walesa reçoit le prix Nobel de la paix.

23 octobre : à Beyrouth, des attentats tuent 58 soldats français.

Après un départ en fanfare, c'est avec panache que Jacky Boxberger (dossard 7) enlève la huitième édition du marathon de Paris.

L'année 1983 sera chaude. Certains marathoniens mal préparés auront vu leurs espoirs douchés par la chaleur.

EN CE 12 MAI

1984

Ahmed Saleh (Djibouti) gagne en 2 h 11' 58''
Sylviane Levesque (France) gagne en 2 h 38' 20''

10 474 arrivants

Christian Bindner
Journaliste

« Perdre six kilos en 3 h 13, c'est possible ! »

En bon journaliste sportif, Christian l'a appris sur le terrain : boire trop d'eau peut imposer le silence radio. Et quand on doit réaliser un reportage au marathon de Paris tout en souhaitant y faire moins de 3 heures, la moindre erreur peut peser très « léger » à l'arrivée.

Pour la première fois à Paris, plus de 10 000 coureurs vont franchir l'arrivée.

Il a une voix de radio et les chairs d'un homme qui dévore la vie. C'est d'ailleurs autour d'un bon couscous que l'on découvre Christian, par une journée printanière de 1982, attablé avec d'autres journalistes sportifs. L'heure est grave : « Les gars, on parle de sport alors qu'on n'en fait plus. On est en train de devenir des gras du bide ! » Il faut un remède drastique ; leur choix se porte sur le marathon de New York. Quelques mois plus tard, six d'entre eux relèvent le défi avec succès. Le récit que Christian en fait par la suite dans *Jogging International* lui vaut d'être finaliste du Prix Martini, qui distingue le meilleur article sportif. Et maintenant qu'il a mis les mots sur cette aventure, il ambitionne d'y ajouter un chrono. Descendre sous les 3 heures… En 1984, lors du marathon de l'Essonne, Christian est bien décidé à tout donner pour y arriver. Le rythme est effréné, le rêve accessible. Mais il n'a pas assez bu et le paye sur le dernier tiers du parcours. A quelques kilomètres de l'arrivée, impossible de trouver de l'eau : « On bouffait les éponges. » Ce qui ne manque pas de gonfler son chrono ; il passe à côté de son objectif à trois minutes près.

« Au 30e kilomètre, j'ai eu une panne de son »

Deux mois plus tard, c'est donc avec une furieuse envie de passer sous les 3 heures que Christian aborde le marathon de Paris. D'autant que, ce jour-là, il enfile également sa casquette de journaliste pour France Inter : « Ils étaient fiers à la rédaction d'avoir un reporter qui courait le marathon. » Au départ, il est interviewé par un confrère qu'il doit ensuite retrouver sur le parcours pour « faire un point ». Sa principale préoccupation reste toutefois de ne pas reproduire la même erreur que lors de sa dernière course. Alors il boit, boit beaucoup, beaucoup trop, de l'eau glacée qui plus est. À mi-parcours, dans le bois de Vincennes, c'est la diarrhée. Et « le début d'un long calvaire ». Un peu plus loin, la moto de France Inter cueille Christian sur son chemin de croix. Le voilà tâchant d'expliquer au micro que « la course est un sport de liberté » ou que « le plus dur dans le marathon, c'est l'entraînement ». À moins que… « À partir du 30e kilomètre, j'ai eu une panne de son », abrège Christian.

« Conquérant de l'inutile »

Obligé de s'écarter un peu du peloton, il voit l'acteur Michel Creton le dépasser. « J'avais lu qu'il comptait faire 3 heures. Ce qui signifiait que pour moi c'était raté. » Alors quoi ? Abandonner ? « Pas question ! Préparer un marathon exige un tel investissement… » Il s'accroche donc, tout en reconnaissant que « le marathonien est parfois un conquérant de l'inutile ». Et sans doute est-ce ce qu'il se dit lorsqu'il franchit la ligne d'arrivée en 3 h 13', vidé, déçu, écœuré. Sans compter la peine qu'il reste à purger : les vomissements prolongent son agonie. « La différence entre le départ et l'arrivée d'un marathon, c'est six kilos », résume-t-il. « J'ai fini perfusé sous la tente de la Croix-Rouge durant une heure et demie. J'ai quasiment fait la fermeture ! » Christian ne manque pas d'humour, mais seulement d'un peu de matière pour son reportage. « Je devais montrer combien le sport est bon pour la santé… » Il ne reprendra pas l'antenne de la journée. Ni le jour suivant d'ailleurs. Le surlendemain, il affirme que « l'actualité était passée à autre chose dans les locaux de France Inter ». Pourtant, miracle de l'information : l'histoire circule toujours autour d'une bonne platée entre confrères. ■

Christian Bindner
Né le : 14 juillet 1947
Profession : Journaliste radio
1er marathon : à New York en 1982
Meilleur chrono : 3 h 3'
8 marathons courus à ce jour

Il est parfois des histoires d'eau qui tournent mal…

CETTE ANNÉE-LÀ…

Lancement de Canal +, la première chaîne à péage française.
(4 novembre)

Peter et Sloane n'ont « Besoin de rien, envie de toi ».

« Paris Texas » de Wim Wenders est primé à Cannes.

24 janvier : Apple lance l'ordinateur personnel Macintosh.

1er avril : Marvin Gaye, le prince de la musique soul, est tué par son père.

16 octobre : la découverte du corps du petit Grégory Villemin dans la Vologne marque le début d'une affaire qui, en France, déchaînera les passions dix ans durant.

31 octobre : Indira Gandhi, fille de Nehru et Premier ministre de l'Inde, est assassinée par ses deux gardes du corps sikhs.

3 décembre : l'explosion d'une cuve de l'usine de pesticides Union Carbide à Bhopal cause la mort de 20 000 Indiens. Près de 200 000 autres seront handicapés à vie.

Alain Mimoun

Champion olympique de marathon

« Le marathon, c'est le pilier des Jeux, un condensé de l'esprit olympique. Ce n'est pourtant pas une affaire de chrono. Le seul but, c'est de finir. On n'est pas là pour engraisser les ramasse-fric : qu'est-ce qu'ils laissent derrière eux ? Moi, malgré mes quatre médailles olympiques, je n'ai jamais ramassé le pactole. Mais je courrai jusqu'au dernier souffle. Aller au bout, c'est ce qui compte. Sinon, on est comme un artiste qui ne termine pas son œuvre. Alors, ça me réjouit de voir ces 30 000 coureurs qui franchissent la ligne, parfois en plus de cinq heures. Je trouve aussi très bien que Paris fasse partie des grands marathons. Après tout, c'est une des plus belles villes au monde. Ce qui me plaît moins, c'est le parcours. Il est trop voué à la performance et tourne le dos aux quartiers populaires. J'ai connu l'hystérie dans le public, des centaines de milliers de gens le long d'un parcours qui faisait le tour de tous les arrondissements de Paris. Voilà ce que j'ai vécu en 1979. Voilà ce qu'on aurait envie de retrouver aujourd'hui. »

Au nom du père

« Mon père est décédé aujourd'hui. Il me disait sans cesse quand je courais : "Attention, tu n'es pas fait pour ça..." Je mesure 1,86 m pour 95 kilos, je l'ai fait, j'ai souffert. Cette dernière ligne droite, le speaker qui parle, qui parle... et moi qui pleure, les yeux au ciel pour dire : "Coucou papa. Merci !" »

Dominique Mellet
Sainte-Geneviève-des-Bois (91)
4 h 17'

Carey A. Pinkowski

Organisateur du marathon de Chicago

« Le marathon de Paris et celui de Chicago ont de nombreuses similitudes. Nous avons évolué au même moment et dans les mêmes proportions. Il est donc particulièrement intéressant d'échanger nos conseils et points de vue. Je me rends régulièrement au marathon de Paris pour y observer de nouvelles tendances. Ainsi, je me suis inspiré de l'expérience parisienne quand nous avons voulu remodeler le parcours de Chicago. Mais cette interaction n'a pu prendre pleinement sa dimension que dans le cadre d'une vraie amitié entre nos deux organisations. Amitié qui, soit dit en passant, m'a donné le goût du champagne ! »

Mieux qu'une revanche

« Tout commence par ma douloureuse adolescence. J'étais alors un jeune homme obèse qui subissait tous les jours les brimades des autres. À leurs yeux, je n'étais que ce "pauvre bouboule". Puis, un certain jour d'avril 2003, j'ai gravi pour la première fois le mont Marathon, en 2 h 59' 34", les bras levés vers le ciel. Une émotion intense a jailli : "Ça y est, je suis marathonien !" Moi, ce jeune adolescent qui, dix ans auparavant, n'imaginait même pas tenir cinq kilomètres tant son corps rond et meurtri par les rires moqueurs le rendait incapable de tenir une cadence de course. »

Cédric Delattre, 27 ans
Montdidier (80)
2 h 59' 34"

Denis Craveia

Organisateur du marathon du Mont-Saint-Michel

« Le Marathon Expo de Paris est le premier à avoir permis aux organisateurs de course de se réunir. C'est un lieu d'échange important pour nous, où chacun apprend de l'expérience des autres épreuves. De solides amitiés s'y sont créées et nous avons plaisir à nous retrouver dès que l'occasion se présente. Le côté cosmopolite de l'expo est aussi étonnant. En faisant le tour des stands, on a l'impression de voyager en France et à l'étranger. Les épreuves qui allient sport et tourisme sont d'ailleurs en plein développement. Et, en la matière, le parcours parisien a beaucoup à offrir. J'en profite toutefois pour rappeler que faire un marathon ne tient pas de la promenade. Cela nécessite de bien se préparer et de bien se connaître. »

Jean-Jacques Petit

Organisateur de l'Humarathon

« C'est un marathon dont l'organisation est devenue très pro tout en développant une approche amicale, un sens du rapport humain. L'équipe a réussi à concilier ces deux concepts a priori contradictoires. Ce qui se traduit de plusieurs façons. On peut d'un côté parler de la disponibilité de Joël Lainé, en particulier pour ce qui est de la formation des jeunes. On peut aussi remarquer que cette épreuve a permis de nouer des liens entre les différentes grandes courses en France. Il y a une dizaine d'années, on se considérait comme concurrents ; aujourd'hui, on progresse ensemble. On s'approprie tous la réussite du marathon de Paris ! »

Patrick Le Ray

Organisateur du marathon de Vannes

« Pour moi, le marathon de Paris a d'abord été le premier. C'est d'ailleurs le cas pour une majorité de coureurs parce qu'il s'agit d'un grand événement et qu'il y a beaucoup de participants. On l'a couru avec les collègues de l'association du marathon de Vannes. Puis Joël Lainé est venu nous rendre visite en 2001 et nous avons évoqué la possibilité de faire un ravitaillement propre aux régions. Alors, depuis 2002, nous tenons celui du 37e kilomètre. Tous les coureurs bretons – et ils sont nombreux – se sentent à la maison quand ils voient le drapeau du ravito ! Nous ferons aussi tout ce qui est possible avec nos petits moyens pour faire de cette trentième édition du marathon de Paris une grande fête de la course à pied. Nous nous y sommes engagés auprès de Joël : les Bretons seront là ! »

EN CE 11 MAI

Jacky Boxberger (France) gagne en 2 h 10' 49"
Maureen Hurst (Grande-Bretagne) gagne en 2 h 43' 31"

7 726 arrivants

1985

Jacky Boxberger
Athlète de haut niveau

L'homme qui courait comme il respirait...

C'était un phénomène. On disait de lui qu'il avait la hargne et l'ambition de Michel Jazy, la facilité et l'allure de Jean Wadoux. Pourtant, une chose a manqué à « Box » : la chance qui vous met dans les bons coups. Ce qui ne l'a pas empêché de remporter le marathon de Paris.

C'est sur piste, en 1968, que le « Box », comme l'appelait ses amis, se révèle en devenant recordman du monde juniors du 1 500 m (3' 40" 8) dans la cuvette de l'ancien Charléty. À 19 ans, le natif de Châtel-sur-Moselle découvre les stars du demi-fond et les premières victoires. Entraîné par son coach de toujours, Gaston Prétot, ce turbulent champion s'enracine à Sochaux sous les couleurs des Automobiles Peugeot. Sélectionné aux Jeux de Mexico, il crée la surprise en terminant sixième du 1 500 m en 3' 46" 6. Les complexes, et c'est précieux, le « Box » ne sait pas ce que c'est. Les Ryun, Keino, Tümmler, Norpoth ou Odlozil ne sont que des coureurs, comme lui, et entre hommes tout était possible.

Un enchaînement de blessures

A son retour du Mexique, il est incorporé au Bataillon de Joinville, mais un accident de moto interrompt une trajectoire qui s'annonce prodigieuse. Opéré par le professeur Trillat à l'hôpital du Val-de-Grâce, le Sochalien perd de sa superbe et le reste de sa carrière sera émaillée par les blessures plus ou moins graves. Il est opéré des deux tendons d'Achille, des genoux, d'une appendicite en pleine saison athlétique ; il souffre des vertèbres... et, entre ces déboires, il se permet d'être cinquième des Championnats d'Europe d'Helsinki... et gagne même le titre de champion d'Europe du 1 500 m en salle. On le pense capable de battre le record du monde du 5 000 m et d'approcher les 13' 5", temps fabuleux à l'époque.

Mais lui ne pense plus à cela, même si, en 1977, il bat encore le record de France de la distance en 13' 23" 59. Son objectif, c'est le cross et la route. En fait, il veut tout simplement se mettre à l'abri du besoin en courant tous azimuts, et les courses sur route qui se multiplient en France lui en donnent l'occasion.

Depuis le début des années 1980 il quadrille l'Hexagone pour monnayer sa notoriété et certaines mauvaises langues disent de lui qu'il préfère gagner des services à whisky que de préparer consciencieusement les grands rendez-vous de l'équipe de France. Porter le maillot bleu, c'est déjà pratiquement du passé et il ne veut plus maintenant courir que pour lui. Rien que pour lui. Pour son plaisir et surtout pour l'argent, dont lui et sa famille ont tant manqué durant sa jeunesse.

Ses qualités font merveilles sur le macadam

Au marathon de Paris, après une première victoire en 1983, il améliore la meilleure performance française (2 h 10' 49") en s'imposant en 1985. Il est alors au sommet de son art. Jacky survole aussi les saisons de cross françaises et gagne en moyenne une quinzaine d'épreuves par hiver. L'argent coule à flots nouveaux, mais en même temps « Box » omet de déclarer ses gains au fisc... Un inspecteur des impôts lui met un jour des coupures de journaux sous le nez pour reconstruire un palmarès que le champion a complètement oublié de déclarer.

Il courait comme il respirait. A pleins poumons sans regarder derrière lui, en ne doutant de rien. « Box » avait choisi cette existence de coureur hors des sentiers battus. C'était son caractère. Une témérité légendaire qui lui coûta la vie en août 2001 au Kenya, où il fut piétiné par un éléphant qu'il avait voulu braver, comme il avait bravé ses adversaires vingt ans auparavant. ■

Jacky Boxberger

Né le 6 avril 1949 -
décédé le 9 août 2001
Profession : Athlète
1re victoire au marathon : en 1983
Meilleur chrono : 2 h 10' 49"

CETTE ANNÉE-LÀ...

Mikhaïl Gorbatchev prend la tête de l'URSS. (11 mars)

28 janvier : plus de 7,5 millions du disque « We are the world » sont vendus au profit de l'Afrique. En France, les Chanteurs sans frontière chantent « Ethiopie ».

22 mai : les deux Français Michel Seurat et Jean-Paul Kauffmann sont enlevés à Beyrouth.

29 mai : 39 personnes trouvent la mort lors d'une émeute dans le stade du Heysel à Bruxelles à l'occasion de la finale de Coupe d'Europe opposant Liverpool à la Juventus de Turin.

7 juillet : « Boum-Boum » Becker remporte la finale hommes du tournoi de tennis de Wimbledon. Agé de 17 ans et 7 mois, il en est le plus jeune vainqueur.

10 juillet : le « Rainbow Warrior », un bateau de l'organisation anti-nucléaire Greenpeace, est coulé au large de la Nouvelle Zélande. Le gouvernement français est mis en cause.

27 juillet : Décès du scénariste et réalisateur français Michel Audiard.

30 septembre : Décès de l'actrice Simone Signoret.

25 octobre : il faut désormais composer huit chiffres pour téléphoner.

Novembre : Microsoft lance la première version de Windows.

A 36 ans, « Box » remporte son second marathon de Paris et réalise au passage la meilleure performance française de la spécialité.

Ahmed Saleh (Djibouti) gagne en 2 h 12' 44''

Maria Lelut-Rebelo (France) gagne en 2 h 32' 16''

8 409 arrivants

1986

Jocelyne Villeton

Employée de mairie

« Il n'y avait plus un sou. J'ai failli tout plaquer »

De tous les combats que Jocelyne a dû mener pour « exister grâce au sport », c'est sans doute celui pour préserver sa vie de famille qui l'a le plus mobilisée. Notamment après ce marathon de Paris de 1986 qui marqua l'envol de sa carrière.

« De quel bois sont faits les grands champions de marathon ? » Jocelyne a planché sur la question pour son brevet d'éducateur sportif de niveau 2. Conclusion : « ils viennent de familles pauvres, nombreuses, et font preuve de beaucoup de caractère. » Etrange coïncidence… Elle-même vient d'une famille modeste. Elle a trois sœurs et un frère. Avec huit titres de championne de France, vingt-cinq sélections en équipe nationale et une médaille de bronze aux Championnats du monde de marathon, elle est incontestablement une championne. Quant au caractère : « La prochaine fois qu'elle me fait ça… » Jocelyne ne finit pas sa phrase, étranglée de colère. Sa copine Maria Lelut-Rebelo vient de la coiffer à l'arrivée du marathon de Paris 1986. « Comme je courais au train, je l'ai emmenée sur tout le parcours. Mais je n'ai jamais eu de sprint… Elle m'a clouée au finish. » Six secondes. C'est sans doute aussi le temps qu'a duré la colère de Jocelyne tant les deux marathoniennes se vouaient une grande amitié.

Une dame de cœur

Car sous ses cheveux trop courts et son accent du Forez trop rêche, le moindre sourire suffit à le souligner : Jocelyne est une dame de cœur. Et dans son cœur, avant le fond, il y a la famille. Elle lui permet de « pratiquer l'athlétisme dans les meilleures conditions psychologiques ». Alors elle emmène ses proches sur les compétitions dès qu'elle peut. Comme elle peut. Qualifiée pour les Championnats d'Europe à Stuttgart en 1986, elle fait suivre tout le monde « au camping, en toile de tente sous des orages quotidiens pendant une semaine ». Ce qui ne l'empêche pas de terminer cinquième. Son entraînement est aussi organisé en fonction de l'emploi du temps des enfants. « Je n'ai pas voulu sacrifier leur vie et ne pas les voir grandir. » C'est ce combat qui lui a permis de s'engager dans tous les autres. Dénoncer le peu de soutien apporté aux marathoniens dans les années 1980 ; faire valoir l'égalité hommes-femmes en course à pied depuis 2000.

« Je voulais exister socialement grâce au sport »

Sans compter les combats qu'elle a livrés contre elle-même. En 1987, à la Coupe du monde de Séoul, Jocelyne chute au 12e kilomètre. Elle termine la course, mains et genoux en sang, en larmes et au courage, pour sauver la troisième place française par équipes. « Cette ténacité ? Elle vient de la façon dont j'ai été élevée : mon père aurait mal vu qu'on n'avance pas. »

« L'envie de montrer aux miens que je peux y arriver », voilà ce qui anime Jocelyne. Notamment à son époux qui a toujours cru en elle. Michel est l'ancien copain du club d'athlétisme qu'elle fréquentait adolescente. Celui qui propose des entraînements sans jamais rien imposer (« de toute façon, je lui aurais renvoyé à la figure ! »). Celui qui s'occupe des enfants quand elle ne peut pas faire suivre sa tribu. Celui qui lui remonte le moral quand, quelques mois avant sa belle performance parisienne de 1986 (2 h 32' 22''), elle manque de tout plaquer « parce qu'il n'y a plus un sou arrivé le 20 du mois » et que les résultats ne sont pas encore là… Eternels problèmes d'argent et de reconnaissance. Ceux-là mêmes qui ont poussé Jocelyne dans la compétition au début des années 1980. A force de ne pas trouver sa place dans le monde professionnel, elle a décidé de s'en créer une sur le bitume. « J'ai voulu exister socialement grâce au sport », explique-t-elle. Sans faire de concession. Et à tout vouloir, elle a eu beaucoup. ■

Jocelyne Villeton

Née le 17 septembre 1954

Profession : employée à la mairie de Saint-Etienne

1er marathon : à Neuville-sur-Saône en 1982

Meilleur chrono : 2 h 32' 3''

33 marathons courus à ce jour

CETTE ANNÉE-LÀ…

Un des réacteurs de la centrale nucléaire de Tchernobyl explose. (25 avril)

Coluche chante pour les Restos du Cœur, Daniel Balavoine crée « l'Aziza ».

Radiocom 2000, le premier réseau de téléphonie analogique sans fil français, permet de téléphoner de sa voiture.

28 janvier : la navette spatiale américaine Challenger explose après 72 secondes de vol, tuant les sept astronautes de l'équipe.

14 mars : inauguration de la cité des sciences de la Villette.

20 mars : Chirac, nommé Premier ministre, entame avec le président Mitterrand la première cohabitation de la Ve République.

19 juin : tchao Coluche. Le comique français décède dans un accident de moto.

27 novembre : lycéens et étudiants descendent nombreux dans la rue pour que soit retiré le projet sur l'enseignement supérieur du ministre Devaquet. Ils obtiendront gain de cause.

1er décembre : inauguration du musée d'Orsay.

EN CE 17 MAI

1987

Abebe Mekonnen (Éthiopie) gagne en 2 h 11' 9''
Helena Cobos (Espagne) gagne en 2 h 43' 47''

8 453 arrivants

Raymonde Cornou
Chausseuse

« Je me suis arrêtée pour lui mettre une gifle »

Dans sa boutique parisienne de running ou dans les pelotons, Raymonde a toujours fait preuve de caractère. C'est ce qui lui a permis d'imposer sa présence à une époque où le marathon était une affaire d'hommes. Car, pour rien au monde, elle ne leur aurait laissé ce plaisir.

À l'écran, une femme, chevelure blonde, abondante et lâchée, le visage ensommeillé. Une série télévisée ? Non, puisqu'une voix off annonce que l'on va vivre « le marathon avec Raymonde ». Tout un programme. Les caméras de *Stade 2* la suivent dans la salle de bains, puis dans la cuisine où on la retrouve, rayon de soleil dans sa tenue fluorescente. Avec la Boutique Marathon, elle a ouvert le premier magasin français dédié à la distance reine en 1979. Certains fournisseurs ont alors refusé de la livrer parce qu'elle était une femme. Huit ans plus tard, Raymonde, imperturbable à quelques minutes du départ du marathon de Paris, prêche la cause féminine devant les caméras. « Quand on pense qu'on était aussi interdites de marathon… » Que l'on se rassure, cela ne l'a jamais empêchée de courir. Y compris les Championnats de France, à Mérignac en 1978, où elle s'est élancée sans dossard dans un peloton exclusivement masculin. « Les femmes devaient faire moins de 2 h 45 pour y participer : ils étaient sûrs de ne pas en avoir. » La fédération, qui ne goûtait pas alors ce genre de revendication, en a profité pour la radier à vie… alors qu'elle n'était pas licenciée !

Féminine jusqu'au bout des doigts

Raymonde Cornou est une femme de caractère. C'est d'ailleurs ce qui l'a amenée à courir. Nous voilà au marathon du Luxembourg en 1973 : son mari, en pleine défaillance, s'apprête à se faire rattraper par un coureur moins bon que lui. Inacceptable juge Raymonde, qui emprunte des tennis dans le coffre de son époux (elle chausse du 44) pour aller le pousser sur les derniers kilomètres. Invitée l'année suivante, elle est la seule concurrente et s'autoproclame championne du Luxembourg. Quelques mois plus tard, à l'occasion d'un semi dans les Mauges, elle entend un spectateur se moquer de son physique avantageux. Ni une, ni deux : « je me suis arrêtée lui mettre une gifle avant de reprendre ma course. » Féminine jusqu'au bout des doigts… Même en Wonder Woman, comme à cette édition de Paris où elle a survolé l'épreuve avec son Superman de mari. Avec eux, on court beaucoup et on s'amuse dans la foulée. Bien plus que dans la compagnie d'assurances où Raymonde travaillait avant d'ouvrir sa boutique. « Je m'ennuyais ferme dans mon bocal », confirme celle qui aime comparer le marathon à l'amour, « parce qu'il s'y passe toujours quelque chose de différent ». Alors, elle en profite et « ne se torture pas avec le chrono. » Ce qui ne l'empêchera pas de terminer 10e féminine de ce marathon de Paris couru devant les caméras d'Antenne 2. Et d'en terminer une bonne centaine d'autres.

« On dirait la reine d'Angleterre »

Aujourd'hui, elle est toujours présente sur les Champs-Elysées, au départ de Paris. Mais de l'autre côté des barrières. Elle a été renversée par un vététiste dans le parc de Saint-Cloud voilà quelques années. Nerf sciatique abîmé. Bien qu'elle continue à s'entraîner tous les week-ends, elle ne s'engage plus sur la grande boucle. Loin des caméras, Raymonde reste pourtant une star des pelotons. « On dirait la reine d'Angleterre », lui reproche son mari quand elle n'en finit plus de saluer les clients de son magasin sur le parcours. Au kilomètre 39, impossible de manquer cette grande blonde. D'autant qu'elle s'époumone dans son sifflet. Et inutile de songer à le lui couper. ■

Raymonde Cornou

Née le 9 avril 1950
Profession : responsable de la Boutique Marathon
1er marathon : à Montmoreau en 1974
Meilleur chrono : 2 h 58'
Plus de 100 marathons courus à ce jour

Wonder Woman à l'attaque.

Avec Abebe Mekonnen en tête, les Ethiopiens investissent Paris pour la première fois.

CETTE ANNÉE-LÀ…

Klaus Barbie, l'ancien chef de la Gestapo de Lyon, est condamné à la réclusion criminelle à perpétuité. (4 juillet)

Vanessa Paradis débarque avec « Joe le Taxi ».

La Peugeot 405 est élue voiture de l'année.

22 février : premier vol de l'Airbus A320.

4 avril : l'Etat vend la moitié du capital de TF1 au groupe Bouygues.

28 mai : à 19 ans, l'Allemand Mathias Rust pose son Cessna sur la place Rouge à Moscou pour promouvoir la paix dans le monde. Il fera 432 jours de prison.

19 octobre : lundi noir à Wall Street. Le Dow Jones chute de 22 % en une journée.

7 décembre : début de la première Intifada, la « guerre des pierres », dans les territoires palestiniens occupés par Israël.

CÔTÉ HANDISPORTS

42,195 KM POUR MIEUX VIVRE ENSEMBLE

Le marathon de Paris et la passion de la course réunissent tous ceux qui souhaitent se dépasser. Pour certains, il s'agit d'aller au-delà d'un handicap et des peurs qui y sont associées. Il est question pour d'autres d'être jugés à la hauteur de leurs performances et non de leur infirmité. Le handisport recouvre des situations très variées, liées à des différences de capacités ou d'ambitions.

Courir, c'est aussi se battre à la seule force de ses bras. C'est pourquoi Paris ouvre chaque année ses rues à tous ceux qui partagent la passion de la course, qu'ils soient valides ou en fauteuil, mal- ou non-voyants, amputés des membres supérieurs ou inférieurs. Tous ne font qu'un devant la distance. Un de ces milliers de coureurs qui se lance dans l'aventure, droit devant sans savoir où il va. Comme celui-ci, avec ses lunettes noires, qui va courir 42 bornes dans la nuit. Ou cet autre dont la foulée est faite de chair et de carbone. Son nom est Franck Festor. Il est informaticien au 40e régiment de transmission et assure qu'il a « toujours eu la course dans les tripes. À dix ans, je courais déjà régulièrement quatorze kilomètres. » À seize ans, il est renversé par une voiture. Tibia et pied gauche écrasés ; amputation. Des années durant, il n'ose plus rêver courir. Jusqu'au jour où il décide de prendre le départ d'une épreuve avec des béquilles. Au bout de quelques kilomètres, le virus de la course circule à nouveau dans

Tous les athlètes au départ le savent : le marathon se court avant tout dans la tête.

Gaz de France
413
413
408
Hamburger
Restaurant

Le marathon est devenu un extraordinaire terrain d'expression. Grands, petits, gros, maigres, avec ou sans handicap... Chacun y fait sa course selon ses moyens et toujours pour son bonheur. De cette diversité là, nous sortons tous grandis.

son corps. Il va alors décrocher ses premières « breloques » sur piste puis se lancer sur le marathon à trente-deux ans. New York 2003 et Paris 2004, comme un défi. « On m'a dit que j'étais fou, que je n'avais aucune idée de ce que c'était. » Il doit certes s'entraîner plus que les autres, d'autant que ce « beau bébé » doit porter ses 98 kg. « Mais, quand on est sportif, on le reste quoi qu'il arrive », résume-t-il.

« Bousculer son corps »

Et le sport permet à une personne handicapée de développer ses aptitudes motrices, donc son autonomie. Il peut même lui apporter beaucoup plus. « J'ai toujours eu besoin de donner un sens à ma vie », souligne Joël Jeannot, qui a remporté cinq fois le marathon de Paris en handisport. « Après mon accident, il a fallu que je trouve où transférer ma force physique et mentale. Je me suis battu, j'ai bousculé mon corps et si j'en suis arrivé à ce niveau, c'est parce que je me suis investi à fond dans l'entraînement. » Patrice Gergès est directeur technique à la commission athlétisme de la Fédération française handisport (FFH). Il estime pour sa part que « la compétition est souvent le moyen de prouver qu'une personne considérée comme diminuée peut réaliser des choses qui paraissent impossibles à une personne valide ». Franck Festor avoue d'ailleurs : « Si je me suis rapproché de la route et du public, c'est aussi pour montrer ce qu'on peut faire quand on a une jambe en moins. »

Contre la compassion

Paradoxalement, certains athlètes de haut niveau se battent pour échapper à cette « image de courage » qu'on leur colle trop souvent. Joël Jeannot en a parfois assez du regard compatissant qui touche sans distinction toutes les personnes handicapées, quelle que soit leur situation. « Pour nous, le handicap est une donnée de départ, on s'entraîne en fonction, on n'est pas dans la souffrance. Ce n'est pas le courage qui nous pousse, c'est la préparation. » Patrice Gergès connaît les ressorts de cet amalgame : « Un valide a besoin de considérer la personne handi comme un champion, quelle que soit sa performance, parce qu'un tel effort réalisé en situation de handicap lui paraît incroyable. »

« Il faut vivre ! »

Le handicap est donc aussi une question d'appréciation. De regard. Celui des autres et celui que l'on porte sur soi. Joël Jeannot reconnaît qu'une « personne handicapée est tentée de rester chez elle, de se protéger. Mais il ne faut pas se cacher, il faut vivre ! » Ce qui signifie se confronter aux autres. Or Joël considère que « le sport adoucit les regards ». Y compris le sien. Patrick Bernard explique ainsi : « La course m'a permis de gagner en confiance et me renvoie une image positive de moi. » Ce mal-voyant a donc décidé de partager sa passion avec d'autres déficients visuels. En 2002, ils étaient une trentaine à prendre le départ du marathon de Paris avant le reste du peloton. « Ça nous a permis de passer à la télévision, ce qui est utile pour faire avancer les idées... » Et éventuellement de donner envie à toutes les personnes handicapées qui n'osent pas franchir le pas. Voire aux valides. Joël Jeannot raconte ainsi avec fierté que certains lui ont dit s'être mis à la course après l'avoir vu remporter sa médaille d'or aux championnats du monde à Saint-Denis en 2003.

« Bon esprit »

Il arrive également que ce soient des marathoniens qui se tournent vers les non valides pour partager avec eux leur passion de la course à pied. L'association Dunes d'Espoir a ainsi pu faire vivre le marathon des Sables et celui de Paris à des enfants atteints de maladies génétiques. Sylvie Tandé, elle, a fondé l'association Manche Oxygène en 1998. « Je travaille dans un centre de rééducation et je cours depuis trente ans. J'ai longtemps cherché à lier les deux, à faire découvrir le monde de la course à des personnes qui sont trop handicapées pour la pratiquer par elles-mêmes. » Aidée d'une poignée de coureurs, elle en a amené huit sur le bitume parisien en 2001 et 2003. « Sur le parcours, ils n'ont plus l'impression d'être handicapés. On partage des émotions tellement fortes ! Puis il y a toujours des concurrents qui leur donnent une petite tape amicale dans le dos. C'est ça le milieu de la course, les gens ont généralement un bon esprit. » Tant mieux, parce que l'intolérance, c'est quand même un sacré handicap. ■

Pour l'autre

« J'ai couru le marathon avec le maillot d'un camarade du club ALC Vieux Condé. Il était très bien préparé, mais s'est blessé au travail... »

Jean-Paul Lovato
Vieux Condé (59)

Et la rate qui se dilate

« Tu ne peux même pas rêver... Ta tête est trop occupée par l'analyse des sensations et des tous petits riens de chaque instant. Les calculs et les ajustements permanents de tes prévisions de course en fonction de tes temps de passage. L'évolution du temps, surtout du vent, mais aussi un peu de la pluie. La configuration du terrain à venir, l'angoisse de la remontée dans les passages souterrains de la voie sur berge entre le 27e et le 30e kilomètre quand on ne peut déjà presque plus maîtriser sa foulée. La situation dans les muscles des mollets et des cuisses ; dans les articulations des hanches, des genoux et des chevilles ; dans l'estomac et à l'intérieur du ventre (attention aux effets dévastateurs des jus d'orange et cafés au lait consommés avant le départ) ; dans les dorsaux, les lombaires et aussi, par moment, dans les pieds. Le niveau de ta transpiration et de ton épuisement. De ta fréquence cardiaque et de ton moral. Les coureurs qui te dépassent en gazouillant et ceux qui s'écroulent devant toi en râlant. Les oreilles et le nez sont hors service pour cause de cœur battant la chamade et écartant ainsi toute finesse et toute curiosité de perception auditive ou olfactive. Il ne reste donc que les yeux pour s'aérer l'esprit. »

Gérard Mousset
Paris (75)
4 h 42'

Denis Therrien

Organisateur du marathon des Deux-Rives à Québec

« Depuis nos premiers contacts avec l'organisation du marathon de Paris en 1999, nous avons été témoins de la formidable croissance de ce rendez-vous annuel. Aujourd'hui, il se retrouve incontestablement parmi le peloton de tête des marathons du monde. Mais, pour nous, au Québec, cet événement signifie encore beaucoup plus. Il s'agit d'un marathon de l'amitié, de la camaraderie et de l'accueil chaleureux que ne manquent pas de nous réserver les nombreux bénévoles et l'équipe d'organisation dirigée de main de maître par Joël Lainé. Bravo à tous ! »

Alain Comte

Organisateur du marathon de La Rochelle

« Je suis un tout nouveau président de marathon et j'ai vécu mon baptême du feu à Paris en 2005. J'y suis allé pour voir, écouter et comprendre. Moi qui suis issu du côté technique de l'organisation, j'y ai découvert l'aspect relationnel et une ambiance fort sympathique. En tant que coureur, j'ai déjà couru trois fois ce marathon. Une année, j'ai même eu la chance de partir juste derrière l'élite et de descendre les Champs à 3' 40'' au kilomètre. Après, bien sûr, j'ai dû laisser passer du monde ! »

Ça rend poète

Marathon

Je martèle l'asphalte
À coups de talons pointes
De ma foulée s'exhale
Une foi sacro-sainte.
Filent les bornes.

Quarante-deux mille mètres
Sous les mêmes nuages,
Pris par le chronomètre,
Rien dans ce paysage
Ne paraît morne.

Le motif est suprême :
Finir coûte que coûte.
La victoire sur soi-même
Est au bout de la route.
Je me flagorne.

Se presse aux alentours
Une foule qui m'éperonne
Et tandis que je cours
Les pavés me façonnent
Des pieds de corne.

Puis du corps tout entier
Qui au cœur s'harmonise
Monte, comme libérée
D'une étreinte soumise,
Une joie sans borne.

Jean-Alain Le Car,
Cahaignes (27)

EN CE 15 MAI

1988

Manuel Matias (Portugal) gagne en 2 h 13' 53''
Aurora Cunha (Portugal) gagne en 2 h 34' 56''

8 370 arrivants

Patrick Drzewiecki
Banquier

« Je passe la ligne et je découvre enfin ce que je cherchais le reste du temps »

Son premier marathon, à Paris, lui a fait vivre une expérience stupéfiante. Mai 1988 : Patrick reçoit enfin sa dose de bonheur. Aujourd'hui, après 68 marathons, il n'a de cesse de franchir les lignes pour mettre à distance les chagrins de la vie.

C'est son plus mauvais marathon, sans doute son pire souvenir de course. Et pourtant... En ce mois de mai 1988, Patrick vient de franchir sur l'hippodrome de Vincennes une ligne qu'il ne se pensait pas autorisé à dépasser. Il découvre une étrange sensation, « quelque chose comme le bonheur ».

Il aimerait bien en dire plus, mais il n'est pas du genre à se livrer facilement. Sa cravate lui serre le cou ; mots bloqués dans la gorge. Si en plus les mains s'emmêlent... Alors on reprend depuis le début. Quatre ans plus tôt, premières foulées, premières sorties : à peine un kilomètre. Il repense à ce que lui disait l'adjudant lorsqu'il arrivait dernier du cross du régiment : « Vous êtes mauvais... » Il finit par courir cinq kilomètres : un déclic. Sa femme, elle, reste indifférente. « Pour la faire réagir, je lui ai fait le pari de m'aligner au départ des 20 kilomètres de Paris à l'automne suivant. Elle m'a soutenu que je n'y arriverai pas. » Tout le monde peut se tromper.

Seule la chaleur pourra départager le Portugais Matias et le Hollandais Lambregts.

« À Charenton, c'est la Berezina »

Petit à petit, Patrick court le semi en 1 h 26', suit les conseils de son copain Serge et s'installe dans les sas de départ du marathon de Paris. Il a 32 ans, il est très tendu. Partagé entre l'ambition de « faire un temps, pour épater la galerie » et la peur de ne pas arriver au bout. Peur du grand froid aussi : il part de la Concorde en t-shirt à manches longues et collant long ; il fera 30°C à l'arrivée. Entre-temps, « j'accumule toutes les erreurs qu'il ne faut pas commettre. Au dixième kilomètre, les conseils de Serge s'envolent, je passe le semi en 1 h 35', je me vois parti pour un exploit, je suis euphorique ». Au point de ne pas se rendre compte que son énergie fond à vue d'œil. « À Charenton, c'est la Berezina. » Il marche à partir du 35e kilomètre et termine carbonisé en 4 h 10'. L'arrivée est à deux kilomètres de

CETTE ANNÉE-LÀ...

Inauguration de la pyramide du Louvre conçue par l'architecte sino-américain Leoh Ming-pei. (4 mars)

Claude Nougaro nous emmène à « Nougayork ».

« Au revoir, les enfants » de Louis Malle reçoit le César du meilleur film.

8 mai : François Mitterrand est réélu président de la République avec 54 % des voix au second tour, contre 46 % pour Jacques Chirac.

30 avril : Céline Dion remporte à Dublin le concours Eurovision de la chanson pour la Suisse. Lara Fabian, représentant le Luxembourg, se classe 4e.

14 août : décès d'Enzo Ferrari, fondateur de Ferrari.

8 novembre : George Bush est élu président des Etats-Unis.

21 décembre : un Boeing 747 de la Pan American reliant Londres à New York explose au-dessus du village écossais de Lockerbie. L'attentat fait 270 morts.

Ne suivez pas cet homme au dossard numéro 619 ! Pour échapper aux soucis, il enchaîne les marathons et court au-devant du pire.

son domicile ; il met deux heures pour rentrer. En chemin, ses illusions s'envolent : « Je me suis dit que je ne pourrais plus faire de marathons. J'étais déçu, j'ai ressenti une vraie frustration. » Quand sa femme le voit arriver, elle lui conseille également d'arrêter. Elle ajoute : « C'est trop dur pour toi. »

L'ivresse des grands fondeurs

Patrick lui répond dix-huit ans plus tard : « Aujourd'hui, je suis arrivé à maîtriser le marathon. Il m'arrive d'en courir quatre en quatre semaines. » À 48 ans, il en a 68 à son actif. Il espère courir son centième marathon pour ses cinquante ans. Une folie. La casse ? Il n'y pense pas. Parce que chaque ligne franchie lui réserve le même bonheur que ce jour de mai 1988. « Quand je termine un marathon, j'ai envie de pleurer, de rire, je suis traversé d'émotions que je ne connais pas dans la vie quotidienne. J'ai l'impression, quand je passe la ligne, de découvrir ce que je cherche le reste du temps. »

Il trouve son oxygène quand il est à bout de souffle. Retrouve le sourire quand l'effort le fait grimacer. Pourquoi ? « Je n'ai jamais connu de malheur dans le marathon. » Ce qui n'était avant qu'un pied de nez aux soucis, une échappée belle, est devenu une échappatoire. Plus la vie lui apporte de souffrances, plus Patrick court de marathons. Il a le visage émacié, les orbites caves. Il s'enfonce dans les kilomètres, l'ivresse des grands fondeurs. Et se demande comment il va décrocher. ■

Patrick Drzewiecki

Né le 23 février 1957
Profession : Responsable des audits comptables
1er marathon : à Paris en 1988
Meilleur chrono : 3 h 15'
68 marathons courus à ce jour

EN CE 30 AVRIL

Steve Brace (Grande-Bretagne) gagne en 2 h 13' 03''
Kazue Kojima (Japon) gagne en 2 h 29' 23''

7 705 arrivants

1989

Valerio Puccianti

Ajusteur-outilleur-calibriste

Valerio Puccianti

Né le 3 juillet 1922
Profession : ancien ajusteur-outilleur-calibriste chez Citroën
1er marathon : l'Essonne, en 1979
Meilleur chrono : 3 h 28' 15''
88 marathons à ce jour

Trente ans à l'usine et 30 sur le bitume

Valerio Puccianti a chaussé ses premières runnings à l'âge de 51 ans, dans sa prime jeunesse. Aujourd'hui, à 83 ans, ce « bouffe-bitume » compte 25 participations au marathon de Paris.

Pour certains, le premier marathon s'avère être une véritable révolution.

Dans le petit appartement de la rue des Panoyaux, à Ménilmontant, il y a une chambre envahie de coupes et de médailles, où Mme Puccianti a jeté l'éponge. « Je ne sais plus quoi faire de tout ça », dit-elle en rigolant. Le lit tente de se faire une place parmi les trophées et récompenses de Valerio Puccianti qui s'amoncellent. L'homme, lui, n'a guère le temps de prendre la poussière. En 1957, cet immigré italien est arrivé en France à l'âge de trente-cinq ans pour gagner sa croûte chez Citroën. C'est en 1973, dans les ateliers du quai de Javel où il œuvre en qualité d'ajusteur-outilleur-calibriste, que tout commence. « Mon chef d'équipe était responsable de la course à pied dans le club de sport de l'entreprise. Il m'a poussé à m'y inscrire. » Il a alors cinquante et un ans. Et Valerio de s'en excuser : « À l'époque, on n'avait pas le temps d'avoir des loisirs, c'est pourquoi je me suis mis à courir sur le tard. »

Valerio dit que la musique adoucit l'effort.

« Meilleure performance mondiale des plus de quatre-vingts ans »

C'est donc à l'heure où ses collègues d'atelier envisagent la retraite qu'il démarre sa fabuleuse carrière de grand fondeur. « Je me suis spécialisé dans les longues distances. J'aime les 100 km, ceux de Belvès et de Migennes notamment. Et les vingt-quattre heures aussi. C'est l'épreuve où je me classe le mieux, car je n'ai pas besoin de m'arrêter pour dormir. À Saint-Maixent, en 2002, j'ai fait 127,360 km, la meilleure performance mondiale des plus de quatre-vingts ans ! Aujourd'hui, je cours moins vite, mais je vais toujours jusqu'au bout. Même si depuis trois ans je dépasse parfois les temps limites sur les courses. » Le compteur ne semble pas pour autant passer dans le rouge puisque son cardiologue continue de l'encourager. Mais sa femme Aurora commence à s'affoler : « Il devrait s'arrêter… Mais il n'y a rien à faire. » Chaque matin, il prend le bus ou le métro pour courir à Vincennes, à la Villette ou aux Buttes-Chaumont. « J'essaye toujours de rester en activité. Après les courses, je marche, et je vais nager deux fois par semaine. »

Une fidélité à toute épreuve

Lors de l'édition 2005 des 12 km de Meudon, il a disputé sa 1344e course. « Dont 1 325 courses sans jamais abandonner, précise-t-il. J'en ai tellement fait que les souvenirs se mélangent. Mais je me rappelle mon premier marathon de Paris, en 1979, avec le tour des vingt arrondissements, un parcours difficile, et il n'y avait pas assez de médailles ! Et celui de 1981 : j'y ai fait mon meilleur temps à 59 ans en 3 h 28' 15". » En tout, il a bouclé 25 fois les 42 bornes parisiennes, un record. 1989 n'est qu'une goutte révolutionnaire dans cet océan. Valerio semble avoir une fidélité à toute épreuve. Ainsi, depuis dix ans, il se réjouit de participer au cross des dirigeants et vétérans de Peugeot-Citroën. Mais la course qu'il porte dans son cœur, c'est la Pistoia-Abetone, un ultramarathon de 52 km sur les hauteurs de sa Toscane natale, qui comporte une ascension finale hors norme de 16 km. « J'y ai malheureusement dépassé les neuf heures imparties en 2004. » Valerio peut néanmoins être satisfait, il a réussi le défi qu'il s'était lancé : courir 80 marathons avant le jour de ses quatre-vingts ans. Aujourd'hui, à quatre-vingt-trois ans, il en compte… 88 ! Pas de quoi épuiser ce jeunot. ■

CETTE ANNÉE-LÀ…

Le mur de Berlin s'effondre, en direct devant des centaines de millions de téléspectateurs dans le monde entier. (9 novembre)

« Voilà l'été », chantent les Négresses Vertes. La « Lambada » est là pour le prouver.

14 février : l'Iran lance une fatwa contre l'écrivain Salman Rushdie, auteur des « Versets sataniques ».

15 avril : tragédie au stade de Sheffield en Grande-Bretagne. 95 personnes périssent étouffées contre les grilles.

12 mai : Bertrand Blier sort « Trop belle pour toi ».

3 juin : place Tian'anmen à Pékin, les autorités chinoises répriment dans le sang le mouvement populaire en faveur de la démocratie.

14 juillet : la France fête le bicentenaire de la Révolution.

5 octobre : le dalaï-lama reçoit le prix Nobel de la paix.

26 décembre : révolution en Roumanie. Le dictateur Nicolae Ceaucescu et sa femme sont arrêtés puis fusillés.

EN CE 6 MAI

1990

Steve Brace (Grande-Bretagne) gagne en 2 h 13' 10''
Yoshiko Yamamoto (Japon) gagne en 2 h 35' 11''

9 110 arrivants

André Duval
Garçon de café

Les heures supplémentaires

Il est un de ces anonymes célèbres du marathon de Paris. Pour ce faire, il a choisi un rôle sur mesure : celui de garçon de café, métier qu'il exerce depuis quarante ans. Il court donc avec son ravito sur le plateau : une bouteille et un verre. En 1990, il a oublié de se servir. Le coup de chaud l'a attendu à l'arrivée.

Bien rasé du crâne, mal du menton, le visage long : on dirait… mais qui ? André Duval fait partie de ces gens qu'on est sûr d'avoir déjà croisés quelque part. Dans un café ? C'est possible, puisqu'il est serveur dans une brasserie du 8e arrondissement parisien. Ou bien peut-être dans le peloton du marathon de Paris qu'il a bouclé une vingtaine de fois dans sa tenue de travail. A la télé un jour de course. Ou alors au cinéma, dans *Tout ça… pour ça*, le film de Lelouch où on le voit courir derrière Vincent Lindon durant la course des garçons de café. André raconte, un rien condescendant : « C'est moi qui lui ai appris à tenir le plateau. »

À cheval sur la tenue

Force est de reconnaître qu'il maîtrise son sujet. « Courir avec, c'est mon métier et j'ai quarante ans de pratique en la matière. Un jour, un copain m'a prêté un podomètre. J'ai compté que je parcourais, les petits jours de boulot, plus d'un semi avec le plateau durant mon service. » Pas étonnant alors que ses épreuves préférées soient les « classiques » d'une vingtaine de kilomètres, comme Maroilles, Sedan - Charleville ou Auray - Vannes. « Mon endurance correspond bien à ces distances. En plus, j'adore l'ambiance de fête qui règne sur ces courses. »

La première qu'il a courue en livrée de serveur, c'était il y a déjà trente ans, en Picardie. L'organisateur d'une petite course de village lui a apporté l'idée sur un plateau. « Le long du parcours, tout le monde m'applaudissait. Ça m'a donné envie de continuer. » Depuis, André a gagné sa réputation dans les pelotons avec sa chemise blanche, son nœud papillon, son pantalon noir et « un tablier impeccable ». Il reste d'ailleurs très à cheval sur la tenue. « Il est important pour moi de donner une certaine image des garçons de café. Regardez l'allure de la plupart des serveurs aujourd'hui : on dirait des manutentionnaires ! » Il lui arrive bien sûr de courir sans son « habit de lumière ». Ou en smoking et chapeau melon, comme pour ses cinquante ans, en 1999.

Pas frais à l'arrivée

L'édition qui l'a marqué remonte au 6 mai 1990. Ce jour-là, la météo lui a gentiment servi une température de 8 degrés au départ. À la fin, ça cognait déjà beaucoup plus. 28 degrés : autant dire qu'André n'était pas très frais à l'arrivée. Hypoglycémie, 9 de tension, on l'a installé sur une civière, direction la tente de la Croix-Rouge pour un petit remontant. Cependant, entre boire et courir, André a choisi : « Un jour, ma femme est partie avec mon fils. Ça a été très dur. Je me suis mis à chausser les runnings à 1 heure du matin en rentrant du travail pour m'éviter de sombrer dans d'autres excès… »

Le coup de l'addition

Pour lui permettre de gambader tout son saoul, il lui arrive régulièrement de poser sur son plateau un produit du sponsor de l'épreuve à laquelle il participe. « Je ne gagne pas d'argent avec ça », se défend-il. « Ça me permet juste d'économiser le déplacement sur certaines courses. » Beaucoup d'organisateurs lui proposent également de participer à leur épreuve. « Ils cherchent toujours des farfelus dans mon genre pour apporter une animation supplémentaire. Mais je ne suis pas une machine ! » Son corps le lui rappelle de plus en plus. « Maintenant, quand je reviens d'un semi, je trouve difficile de travailler le lendemain. » Les clients n'ont toutefois pas intérêt à en profiter pour partir en courant au moment de l'addition. On lui a déjà fait le coup dans les pelotons… « Il y a des coureurs qui me prennent pour un poste de ravitaillement ambulant : je suis obligé de gueuler pour qu'ils remettent les gobelets sur mon plateau ! » Et quand André Duval s'emporte, ça fait tout un pastis. ■

André Duval

Né le 12 septembre 1949
Profession : Garçon de café
1er marathon : à Paris en 1980
Meilleur chrono : 3 h 28'
(avec son plateau)
25 marathons courus à ce jour

Pour ses 50 ans, André Duval a couru Paris en smoking. Mais il garde toujours son plateau à portée de main : un garçon de café dans un peloton, ça peut toujours servir.

CETTE ANNÉE-LÀ…

En Afrique du Sud, après 27 ans d'emprisonnement, Nelson Mandela est libéré. (11 février)

La France danse « Le jerk » grâce à Thierry Hazard. Ou « Les valses de Vienne » avec François Feldmann.

Kevin Costner « Danse avec les loups ».

25 avril : lancement du télescope spatial Hubble.

8 mai : 34 tombes juives sont profanées dans un cimetière à Carpentras.

7 juillet : Bernard Tapie prend le contrôle d'Adidas.

27 juillet : La 2CV de Citroën n'est plus produite.

2 août : l'Irak envahit le Koweït.

28 août : au Cambodge, l'ONU propose un plan de paix dans un pays ravagé par quinze ans de guerre civile.

31 août : le traité de réunification entre l'Allemagne de l'Est et l'Allemagne de l'Ouest est signé à Berlin. La RDA disparaît.

1er décembre : jonction du tunnel sous la Manche entre la France et l'Angleterre.

Vittel
146

1991

MARATHON ANNULÉ

Le bruit des bottes

Depuis plusieurs mois, Saddam Hussein, dictateur irakien longtemps ami des pays occidentaux, notamment face à un Iran menaçant, a décidé de récrire l'histoire et de redessiner à l'ancienne les frontières du Moyen-Orient. Il envahit le Koweït et se faisant met la main sur le sang noir de notre époque : le pétrole. C'est le faux pas. L'ONU est saisie, elle exige le retrait des territoires occupés. Rien n'y fait. Le 2 janvier l'opération Tempête du désert est déclenchée. Une « Invincible armada » de 605 000 soldats issus de 28 pays et commandé par les Etats-unis donne l'assaut à l'Irak et libère au passage le Koweït. Celle que les médias nous avaient décrite comme la quatrième force armée planétaire est obligée de refluer. La route de l'or noir est réouverte. Plus de 110 000 Irakiens y laissent la vie, mais Saddam Hussein préserve la sienne. Il garde les mains libres pour écraser dans le sang la révolte des populations irakiennes kurdes et chiites. De plus, le bourreau de Bagdad menace tous les « coalisés » des pires représailles. Pour les organisateurs du marathon de Paris, pas question d'exposer ses coureurs à la moindre menace, fût-elle infime. Le marathon est annulé. Cette année-là, le bruit des bottes a eu raison du claquement pacifique des runnings.

Les puits de pétrole flambent, les troupes de la coalition libèrent le Koweit et prennent pied en Irak. Le monde retient son souffle...

EN CE 29 MARS

Luis Soares (France) gagne en 2 h 10' 3"
Tatiana Titova (Russie) gagne en 2 h 31' 12"

10 245 arrivants

1992

Patrick Bernard
Accordeur de pianos

Le bonheur d'avoir un fil à la patte

Patrick Bernard ne cesse de courir en dépit d'une vue qui décline depuis ses 18 ans vers la cécité totale. Ses six participations au marathon de Paris depuis 1992, réalisées « dans la masse » ou en handisport, seul ou avec un guide, mais toujours avec énergie, illustrent sa passion.

Jean, casquette et baskets, la canne blanche pliée sous le bras, Patrick Bernard affiche une belle allure sportive. Dans son regard pétillant, rien n'indique la rétinite pigmentaire qui le condamne à la cécité. Préférant tenir votre bras et marcher à vos côtés plutôt que rivé sur sa canne, il instaure illico un rapport amical. Sans cesse, il déjoue l'isolement et la dépendance qui menacent. « Le pire de cette maladie, c'est la tendance à se mettre à l'écart, on perd son autonomie, son statut petit à petit », explique-t-il. Avec un champ de vision réduit à moins de 5° et une acuité de 1/10e, il perçoit le monde à travers un trou minuscule. Ses armes ? Son enthousiasme, son énergie et sa vie de famille. Père de trois grands enfants, l'homme est chaleureusement entouré. Et compris. Le handicap, on vit avec. Sauf qu'à 18 ans il a dû renoncer au foot, puis au vélo qu'il adore. La course démarre à 26 ans et, malgré tous les gadins et les trottoirs manqués, c'est le seul sport qu'il puisse encore pratiquer de manière autonome, sur parcours familier, le long des allées sans fin de Bussy-Saint-Georges. Il explique : « Je me guide au bas-côté de la route. Le pire ? Les petits chemins ou le passage du soleil à l'ombre. Je supporte mal les variations de luminosité. La pluie ne me gêne pas. » Pendant ce temps, sa femme est « morte de trouille. Elle me rejoint si je ne suis pas revenu dans les temps ».

La chute, voilà le souci. Notamment en compétition : ne pas tomber, ni envoyer les autres à la valdingue. « J'ai foutu un mec en l'air au Jogging des notaires ! » déplore-t-il. C'est encore une dégringolade qui lui blesse sévèrement le genou en 1993, un an après son premier marathon de Paris. Il ne court plus durant trois ans.

On veut faire Paris avec lui

En 1999, il revient sur le marathon avec un guide. Patrick a tourné la page de la compétition solo. Le club de Bussy lui ouvre alors les portes d'un nouvel horizon pédestre. Seul mal-voyant du club, sa sympathie lui vaut des soutiens. On veut faire Paris avec lui. En 2000, accompagné dans la course handisport, « je fixais le maillot ou l'arrière des talons. Il fallait rester concentrés pour ne pas se perdre, que personne ne passe entre nous. »

En 2002, il utilise une ficelle, accrochée au poignet. Un lien rassurant quand, « à la sortie des tunnels, ça grimpe et que j'y vois rien ». Il fait aussi venir Retina, une association qui lutte contre les maladies de la vue, sur le village marathon : 35 000 bulletins de dons sont distribués. En 2003, il décroche son meilleur chrono en 3 h 36, exploit accompli avec l'ami trésorier du club qui avale la distance en une heure de moins, mais refuse désormais de courir en individuel !

« Possédé par le démon »

Six mois plus tard, encore une fichue barrière de travaux... La chondropathie rotulienne se réveille, mais il prend le départ de l'épreuve en 2004. Les ailes sont de plomb. Victime de crampes à l'arrivée, il est porté sur une civière : « Je gueulais dans tous les sens. Mon guide me croyait possédé par le démon. » Pourtant, Patrick a plus que de la reconnaissance pour ces coureurs qui l'accompagnent. « Courir à deux, partager ces moments, c'est fabuleux, il y a un truc, on se soutient, on se fait des confidences. » Chez cet homme, ce n'est pas un bout de ficelle qui lie le sport et l'amitié, c'est la passion. ■

Patrick Bernard

Né en 1956 à Nantes
Profession : Ancien accordeur de pianos
1er marathon : à Paris en 1992
Meilleur chrono : 3 h 36'
60 marathons courus à ce jour

Courir un marathon fait toujours vibrer la corde sensible de Patrick Bernard.

CETTE ANNÉE-LÀ...

Une tribune du stade Furiani en Corse s'effondre faisant 17 morts et 2 000 blessés. (5 mai)

« Dur dur d'être un bébé » pour Jordy...

Un million d'ordinateurs sont connectés au Web dans le monde. La bibliothécaire américaine Jean Armour Polly invente le terme « surfer sur Internet ».

7 février : signature du traité de Maastricht.

29 avril : le tabassage de l'automobiliste noir Rodney King par des policiers blancs provoque d'importantes émeutes à Los Angeles, et la mort de 50 personnes.

23 mai : assassinat du juge italien Giovanni Falcone, symbole de la lutte anti-mafia.

Juillet : En France, SFR et France Télécom ouvrent leur réseau GSM.

3 août : l'ONU condamne la « purification ethnique » en Bosnie.

19 octobre : la sortie des « Nuits fauves » de Cyril Collard fait scandale.

31 octobre : le Vatican réhabilite Galilée 359 ans après qu'il ait été contraint d'abjurer ses théories devant le tribunal de l'Inquisition.

MALVOYANT
BSGA
512
Gaz de France
BSGA
GUIDE
512
Gaz de France
BSGA

EN CE 25 AVRIL

1993

Leszek Beblo (Pologne) gagne en 2 h 10' 46''
Mitsuyo Yoshida (Japon) gagne en 2 h 29' 16''

12 475 arrivants

Maria Rebelo
Conseillère GDF

« Le marathon me faisait si peur »

Dans l'histoire de Maria et du marathon, il est question de crainte, de plaisir et de rendez-vous parisiens. Jusqu'à ce qu'un beau jour elle décide de fermer son carnet d'entraînement dans sa boîte à souvenirs. Portrait d'une championne en 2 h 30'.

Son histoire avec le marathon de Paris débute sur une méprise. Edition 1982 ; le départ a été donné voilà plus de 2 h 30. Sa foisonnante chevelure attachée tant bien que mal, balancée à chaque foulée, auréole un petit visage devenu masque de souffrance. Maria ne veut qu'abandonner. Seul problème : elle est en tête. Impossible de décevoir les coureurs de son club de Viry-Châtillon qui la poussent depuis des kilomètres. Ni Michel Lelut, son entraîneur de mari, qui a su lui donner la confiance nécessaire pour se lancer sur cette distance l'année précédente. Alors il faut tenir, coûte que coûte. Première, première… plus que quelques centaines de mètres. Un spectateur l'encourage : « Bravo Maria, tu es deuxième ! » Le choc. « Heureusement qu'il ne restait plus rien, sinon je me serais écroulée. » Maria conclut en se disant que, « même à haut niveau, on se jure parfois de ne plus jamais recommencer ».

Peur de souffrir, coincer, craquer, exploser

Et on reprend de nombreux départs par la suite… Même si elle doit bien l'avouer : « Le marathon me faisait peur. » Il lui manque un déclic ; c'est à nouveau le marathon de Paris qui va le lui apporter. Sa victoire de 1986, au terme d'un sprint avec sa copine Jocelyne Villeton, lui donne des ailes : « Je prends alors conscience de mon potentiel. » Et Maria se prend aussi à rêver des cette fameuse barrière des 2 h 30 qu'aucune Française n'a encore franchie. Ce sera chose faite quelques mois plus tard à Chicago. Elle pense alors avoir trouvé la recette pour filer le parfait amour sur 42,195 km.

« Le marathon qui m'a donné le plus de frissons »

Mais ses vieux démons ne l'ont pas quittée : peur de souffrir, coincer, craquer, exploser sur ce marathon qu'il semble impossible de dompter. C'est ainsi que le jour de son meilleur chrono est devenu le regret de sa vie. A la Coupe du monde de 1991 à Londres, Maria a beau courir en 2 h 29', elle sait qu'elle aurait pu mieux faire. « J'ai été trop prudente, comme d'habitude. » Comme aux Championnats d'Europe à Split l'année précédente, où elle n'est pas allée chercher les premières. « Je me suis accrochée à ma médaille de bronze », explique-t-elle. Ce qui lui vaut quand même de partager le podium avec Rosa Mota, « Madame Marathon » comme Maria la surnomme tant elle a d'admiration pour cette grande championne venue du Portugal, le pays qu'elle-même a quitté avec sa famille à l'âge de neuf ans. Il lui faudra attendre le crépuscule de sa carrière pour être pleine-

CETTE ANNÉE-LÀ…

L'ancien Premier ministre Pierre Bérégovoy se suicide à Nevers, ville dont il est l'élu. (1er mai)

La France aime la « Foule sentimentale » d'Alain Souchon

27 janvier : voila les « Visiteurs » de Jean-Marie Poiré.

6 juillet : début de l'affaire OM-Valenciennes mettant en cause B. Tapie.

14 juillet : mort de Léo Ferré.

13 septembre : poignée de main historique de Yasser Arafat et d'Yitzhak Rabin lors de la signature de l'accord de principe sur l'autonomie des territoires occupés.

4 octobre : à la suite d'une tentative de putsch, Boris Eltsine fait bombarder le Parlement russe et instaure un nouveau régime présidentiel.

15 octobre : le démolisseur blanc de l'apartheid et le bâtisseur noir d'une société sud-africaine multiraciale, Frederik De Klerk et Nelson Mandela, reçoivent conjointement le prix Nobel de la paix.

Au milieu des hommes, Maria Rebelo a toujours été la petite reine du marathon.

ment épanouie sur la distance reine. 1993, encore au marathon de Paris. Cela fait longtemps que Maria n'a plus couru en Ile-de-France et elle rencontre sur le parcours beaucoup d'athlètes qu'elle avait perdus de vue. Comme en 1982, elle se retrouve soutenue par d'anciens compagnons de foulées. « À partir des tunnels, je suis entrée dans une totale euphorie. J'ai été énormément encouragée, j'entendais mon nom partout, je ne faisais que remonter… J'ai le souvenir d'une grande facilité. C'est sans doute le marathon qui m'a donné le plus donné de frissons. »

Elle le termine à la deuxième place, comme en 1982, encore. La grande boucle est bouclée. En 2 h 30'. Son temps équilibre, celui autour duquel elle a tourné des années durant avec la régularité d'une grande championne. Celui qui lui a permis de tourner la page en estimant « avoir tout donné ». Les plus belles histoires sont parfois celles auxquelles on sait mettre une fin. ■

Maria Rebelo

Né le 29 janvier 1956
Profession : conseillère clientèle chez GDF
1er marathon : dans l'Essonne en 1981
Meilleur chrono : 2 h 29' 4''
35 marathons courus à ce jour

1976-2006 : L'ÉVOLUTION TECHNOLOGIQUE

LE MARATHON DE PARIS À TOUTES POMPES !

Nous ne sommes pas tous des Abebe Bikila, qui a fait sa fortune au marathon en courant pieds nus. Pour nous, marathoniens, nos pieds sont notre trésor et notre tendon d'Achille. Pour faire au bas mot 42 000 foulées, rien n'est trop beau. Les équipementiers l'ont compris qui depuis 1976 rivalisent pour nous apporter confort et sécurité.

1976

Adidas Achille

Empeigne en nubuck
Semelles en caoutchouc
Légèreté et respirabilité

Lorsque l'on demande à Dominique Chauvelier, une pointure sur marathon, avec quoi il courait en 1976, il répond sans hésiter : « La Achille de chez Adidas. De toute façon, il n'y en avait pas 36 ! » En France, ce modèle est en effet la première véritable chaussure de running que les coureurs se sont approprié. Raymonde Cornou, la patronne de la Boutique Marathon à Paris, explique : « À l'époque, on ne s'inquiétait pas encore de l'amorti. Une seule chose comptait : ne pas avoir les pieds en sang et couverts d'ampoules à l'arrivée. C'était généralement le cas lorsqu'on courait avec des chaussures de tennis en cuir. Alors les fabricants ont porté une attention croissante aux coutures intérieures, en mettant de plus en plus de parties en nylon. »

Jusqu'à la fin des années 1970, Adidas est la seule grande marque proposant des runnings sur le marché français. Mais ses concurrents ne tardent pas à arriver. Nike, notamment, propose un concept innovant : les chaussures sur coussins d'air. Dès lors, la chasse à l'amorti est ouverte ; les fabricants n'ont de cesse de chercher à améliorer la restitution d'énergie au rebond. Chez Asics, on propose ainsi le système Gel, à base de silicone semi-fluide. Puis, Reebok intègre un procédé d'amorti sur mousse polyuréthane thermoformée et sur alvéoles avec la série DMX. « Il est étonnant de voir combien la conception des chaussures est de plus en plus liée au médical, à la biomécanique notamment », remarque Raymonde.

La quête de la Sainte grolle

De là à y voir un remède miracle qui permettrait d'améliorer les chronos, il n'y a qu'un pas... à ne pas franchir. La vraie révolution est plutôt celle du confort. Chaque coureur, en fonction de son poids, de son âge et de son niveau d'entraînement, peut trouver chaussure à son pied. Et s'y sentir bien. On demande aujourd'hui un chaussant qui respecte la nature du pied, voire qui s'y adapte. La chaussure idéale ? Un modèle personnalisé. Les runnings étant fabriquées en série, la quête de la sainte grolle trouve ici ses limites. ■

1986

Nike Air Epic

Empeigne en Nylon et microfibres
Coussin d'air intégral dans la semelle intermédiaire
et système Air Wedge pour la stabilité
Semelle extérieur en caoutchouc

1996

Asics Gel DS Trainer

Semelle de contact au sol
en deux parties : système
Duosole à l'avant du pied
et caoutchouc haute densité
au talon
Semelle intermédiaire en EVA
pressé moulé, bi-densité
pour le contrôle de la pronation
et amorti Gel avant et talon
Poids : 300 g

2006

Reebok DMX

Technologie DMX Foam à l'avant et à l'arrière
de la semelle intermédiaire : mousse polyuréthane
thermoformée et renforcée par un ensemble
d'alvéoles contenant de l'air ambiant
Semelle extérieure en caoutchouc carbone tri-densité
Poids : 320 g

EN CE 24 AVRIL

Saïd Er Mili (Maroc) gagne en 2 h 10' 56''
Mariko Tanigawa (Japon) gagne en 2 h 27' 55''

1994

15 936 arrivants

Hubert Rocher
Chirurgien

Hubert Rocher
Né le 7 mai 1947
Profession : chirurgien du pied, ancien chef de clinique assistant des hôpitaux, Institut aquitain du pied à Pessac, en Gironde
1er marathon : à New York, en 1983
Meilleur chrono : 3 h 2'
60 marathons courus à ce jour

« On est montés avec 800 bouteilles de Bordeaux »

En bon chirurgien du pied, le cofondateur du marathon du Médoc cultive à merveille l'art de ne pas se fouler. Iconoclaste et bon vivant, quand il vient se mesurer à l'épreuve parisienne, c'est avant tout pour se distraire et offrir les richesses de son terroir.

Cette année, la participation fait un nouveau bond en avant, plus de 17 000 coureurs entrent en piste. Au milieu de ce départ massif, une perruque de boucles rousses détonne. Dessous, en nœud papillon jaune et costume bariolé d'un clown. Hubert Rocher semble à l'aise dans ses runnings, il est vrai davantage adaptées que de grandes savates. Si les coureurs alentour s'étonnent de ce compagnon à la tenue fantaisiste, lui, de son côté, est aussi surpris de se retrouver là, sur la ligne de son troisième marathon de Paris, car il n'avait en effet pas prévu de se lancer sur l'asphalte parisien cette année. « Mon ami Patrick Aknin, le directeur de La Parisienne, avait été contacté par Canal + pour réaliser le vingt-quatre heures d'un marathonien, il m'a demandé de venir faire le gusse. Je venais à peine de finir Londres une semaine avant, et j'avais renoncé à Paris. Mais je n'ai pas pu refuser… Et je ne le regrette pas, on a amené 800 bouteilles, on s'est bien marrés. Et j'ai fait un meilleur temps qu'à Londres ! » C'est clair, Hubert Rocher n'est pas là pour s'embêter, et comme toujours l'esprit de camaraderie primera sur la performance et la compétition, car il ne vient jamais seul. Ses compagnons de course, ses vieux ceps du Médoc sont là. « Je ne suis pas un coureur solitaire, explique-t-il. Quand on va vite OK, mais quand on a du mal, c'est mieux d'être accompagné, et puis perdre une ou deux minutes avec les amis c'est vraiment pas grave, le tout c'est d'y arriver. » Une entraide poussée jusqu'aux derniers mètres parfois, lorsqu'il faut soutenir une vieille branche qui menace de craquer. « Courir un marathon, c'est une aventure humaine et métabolique, cela aide à bien se connaître et à supporter les petits maux de la vie courante. »

L'amoureux du Médoc

Mais, s'il fait le clown, c'est en fidèle et sérieux représentant du marathon du Médoc, épreuve savoureuse et peu ordinaire aux allures de carnaval qu'il a mise sur pied avec sa bande de coureurs-copains-docteurs en 1985. Mais c'est également parce qu'il sait habilement jongler avec l'effort et le plaisir, le sport et l'autodérision, la fraternité et la compétition. Mêlant toujours l'utile à l'agréable, il est venu conquérir Paris à coups de foulées, sans oublier de faire la promotion des richesses de son Bordelais, à coups de rouge cette fois. Au stand du Médoc du village marathon, on débouche le pauillac, pour un ravitaillement spécial au 40e km. « On offre un p'tit coup de pouce, une aide par petites touches. » À ceux qui s'étonnent, le chirurgien répond : « Boire un verre de vin ou deux en course n'est pas un problème, il est vite métabolisé, et de toute façon un marathon, c'est 20 % dans les jambes et 80 % dans la tête ! »

Nez rouge

Le président de l'Association des marathoniens médecins médocains n'a pas sa langue de gascon dans sa poche. Même si, aujourd'hui, il mange davantage de pâté d'oie qu'il ne bouffe du kilomètre, il a su trouver son équilibre entre gastronomie, amour du vin et de la course à pied. « Ça, on sait le faire dans le Médoc, on est entre deux eaux, en plein 45e parallèle ! C'est plus difficile, là-haut *(à Paris)*… » Le soir, après la course, il ne manquera pas de chausser le nez rouge qui complètera son uniforme, car il reste encore des centaines de bouteilles, et la fête ne fait que commencer ! ■

CETTE ANNÉE-LÀ…

Le pilote de Formule 1 brésilien Ayrton Senna trouve la mort sur le circuit d'Imola en Italie. (1er mai)

On « danse le Mia » avec IAM.

Tarantino remporte la Palme d'or à Cannes avec « Pulp Fiction ».

5 avril : Kurt Cobain, le leader du groupe Nirvana, se suicide.

6 avril : l'attentat coûtant la vie aux présidents rwandais et burundais marque le début du génocide des Tutsis par des extrémistes Hutus au Rwanda.

7 avril : la télévision française se mobilise contre le sida.

27 avril : Mandela est élu président lors des premières élections démocratiques d'Afrique du Sud.

4 mai : premier accord israëlo-palestinien (Oslo I) signé au Caire.

14 octobre : Arafat, Rabin et Pérès reçoivent le prix Nobel de la paix.

17 novembre : première liaison trans-Manche du TGV Eurostar.

24 décembre : le GIA détourne un vol Paris-Alger.

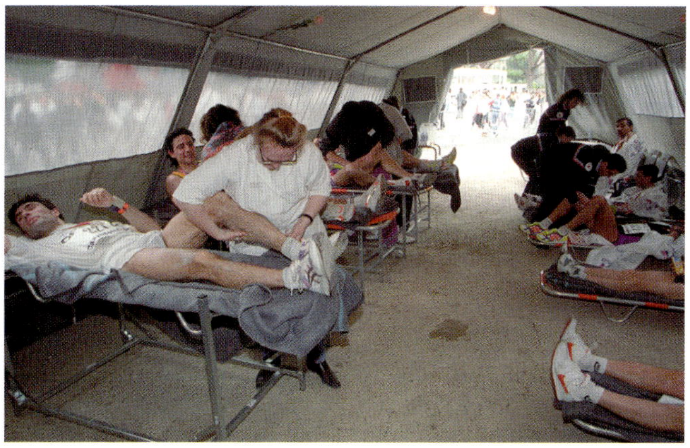

Sur le marathon, à trop se prendre pour un Gaulois, le ciel peut vous tomber sur la tête…

Avec 18 500 partants cette année-là, le marathon de Paris devient un rendez-vous planétaire.

EN CE 2 AVRIL

1995

Domingo Castro (Portugal) gagne en 2 h 10' 06"
Judit Nagy (Hongrie) gagne en 2 h 31' 43"
Philippe Couprie (France) remporte l'épreuve chez les handisports
16 200 arrivants

André Sourdon
Boulanger

André Sourdon
Né le 2 novembre 1952
Profession : boulanger
1er marathon : à Pont-l'Evêque, en 1982
Meilleur chrono : 2 h 40'
Une « petite » centaine de marathons courus à ce jour

L'homme qui court à la lanterne

André s'est longtemps battu pour gagner sa croûte. Puis il a décidé un jour de partir à l'aventure. Pour ce boulanger avide de rencontres, la course a dès lors été du pain bénit. Et une passion qu'il n'a cessé de partager.

Qu'est-ce qui est le plus difficile quand on est boulanger ? Relier Paris à Dakar en courant ou se libérer pour les fêtes de fin d'année ? « La deuxième solution, sans hésiter », répond André de son air volontaire. Il a pourtant réussi à quitter sa boutique en 1984 pour partir courir en relais sur les traces du célèbre rallye africain. Il disait alors : « La course à pied n'est pas un sport de boulanger. » On peut éventuellement lui reprocher son goût de la bravade, mais il faut se lever tôt pour prendre son bon sens en défaut. Aussi précise-t-il que, « s'il faut savoir préparer son avenir, il faut aussi savoir en profiter quand il est arrivé ». À trente-deux ans à l'époque, cela fait près de vingt ans qu'André est boulanger. Il a tenu à se mettre à son compte. Pas de miracle : « Il a fallu rentrer la tête dans les épaules. » Éprouvant donc, mais pas aussi difficile qu'il y paraît tant l'homme est ramassé. Son nez, camus est assorti. Quant à ses yeux, bleus et mobiles, ils passent leur temps à chercher au loin.

« Un sport sans artifice »

Et, à bien y regarder, André estime qu'il peut désormais faire une place à sa passion. Il a longtemps évolué dans un univers restreint et, après des années de labeur, il ressent le besoin de rencontrer des gens différents. Alors, « une telle aventure humaine », comme il qualifie son premier grand raid en Afrique, n'a pu que bouleverser sa vie. Il s'y prépare avec la bénédiction de la famille et de tout le fournil. Ils tiendront la boutique pendant son mois d'absence. Pour s'entraîner, il se lève à 1 heure du mat'. La lampe de poche à la main, il mange ses kilomètres dans la campagne normande. Le sacrifice est lourd, mais de son périple africain, Il revient béat, ravi et même peut-être un peu fou.

Le boulanger de l'impossible

Il lui prend l'idée d'organiser un tour de France à pied, calqué sur celui des cyclistes, qu'il précéderait d'un jour. L'été 1986, il part sur les routes avec quatorze copains de Bernay, sa bourgade normande. Drôle de caravane qui « franchit les mêmes cols, court les contre-la-montre et les six tours sur les Champs Elysées ! » Le tout pour une bouchée de pain : partout où ils passent, ces échauffés du fournil sont accueillis chez les boulangers du cru. Sans façon. Car, pour André, la course est « un sport sans artifice » et accessible à chacun, « où les distances et les chances sont les mêmes pour tous ». Pas vraiment comme dans la vie… Il est né « dans une famille de fermiers très pauvres » ; son père meurt trop jeune. Mais il a eu le temps de lui transmettre l'essentiel : des valeurs humaines incomparables qui forcent le respect de ses amis. Il n'est donc pas étonnant d'apprendre qu'il a couru le marathon de Paris pour faire plaisir. Un fonctionnaire du ministère de l'Intérieur lui demande de l'accompagner pour son premier marathon, en 1995. André, qui n'avait pas alors besoin d'entraînement spécifique pour courir le marathon en trois heures, n'hésite pas. Avec pour seul dossard son tee-shirt « Votre artisan boulanger », il profite du décor. Paris était un rêve, il en fait une réalité.

Dès lors, il repart à la conquête du monde en courant. Ses nouveaux marathons, il les enchaîne, un par jour, dans l'Himalaya, le désert du Hoggar ou en Sibérie. « Des courses de fous furieux » qui lui vaudront même de faire l'objet d'un livre : Le boulanger de l'impossible. Certains préféreront l'appeler « Dédé la boulange », surtout depuis qu'il est devenu président du syndicat de la boulangerie de l'Eure et qu'il a arrêté ses grandes aventures. « Mes enfants ont grandi et ont eu davantage besoin de moi. » Ce qui ne l'empêche pas de continuer à nourrir son appétit de rencontres, notamment grâce à La France en courant, qu'il organise chaque été. Il invite tout le monde à venir y bouffer du kilomètre et du bonheur. Parce que lui, la vie, il n'en laissera pas perdre une miette. ■

CETTE ANNÉE-LÀ…

Jacques Chirac est élu président de la République. (7 mai)

NTM leur met « la fièvre » ; Zazie essaye de rester « zen ».

10 janvier : inauguration du pont de Normandie entre Le Havre et Honfleur.

25 janvier : Éric Cantona s'exerce au kung-fu sur un supporteur anglais.

26 juin : *L'origine du monde* de Gustave Courbet est exposée au musée d'Orsay.

25 juillet : un attentat meurtrier (8 morts) à la station Saint-Michel inaugure une vague de violence revendiquée par des islamistes algériens.

25 octobre : le réalisateur Emir Kusturica nous plonge « underground ».

4 novembre : Yitzhak Rabin, coïnitiateur d'un processus de paix au Proche-Orient, est assassiné par un jeune extrémiste israélien.

15 novembre : début d'une grève qui se généralisera en un vaste mouvement social contre la politique du gouvernement Juppé.

« Courir est un vrai bonheur » insiste André Sourdon. Ces marathoniens lui donnent raison.

EN CE 21 AVRIL

1996

Henrique Crisostomo (Portugal) gagne en 2 h 12' 18''
Alina Tecuta (Roumanie) gagne en 2 h 29' 32''
Philippe Couprie (France) remporte l'épreuve chez les handisports
18 244 arrivants

Jean-Pierre Arrighi
Fonctionnaire

« Je cours Paris sur deux figues sèches de Pila-Canale »

Ce Corse de 64 ans, en état de félicité pédestre depuis l'enfance, a mis les gaz sur tous les continents et affiche 120 000 kilomètres au compteur ! Une folie, une vie de course à pied, qui ne laisse rien au hasard, surtout pas avant les marathons.

Plus de 20 000 coureurs ont pris le départ de la 20e édition du marathon de Paris.

Tout petit déjà, il dévorait l'espace. « Je suis né dans la course », déclare Jean-Pierre Arrighi. « Gamin à Alger, j'allais partout, pieds nus, sur la plage, dans la ville… » La vocation se précise ensuite chez les paras : « À l'époque, je ne me déplaçais qu'en courant, même pour aller chercher le sel ! » Il y a aussi les cross militaires, où il se découvre de vraies aptitudes à l'endurance. Mais il a plus de mal à endurer l'attitude des officiers : « Ça m'aurait plu de faire l'école des sous-off, mais, vu la bêtise de certains qui revenaient d'Algérie et d'Indochine, j'ai renoncé ». Jean-Pierre préfère fendre l'air. Dans les années 1960, représentant en draperies à Paris, il brûle le pavé la sacoche sous le bras : « Des commerçants sympa me donnaient des artichauts, pour mon taux de fer. Mais on nous prenait pour des gens bizarres ». Revenu en Corse, c'est pire : « Avec nos shorts, on n'allait pas jusqu'à nous lancer des pierres, mais… » Dans les années 1980, Jean-Pierre a la quarantaine, des courses de village se montent un peu partout, il prend les dossards, 45 par an, « parfois 3 en vingt-quatre heures ! »

Un peu plus pistard qu'auparavant

Avec la retraite, il entre définitivement en religion pédestre et part, moustache au vent, sur tous les continents. Il cavale sur la muraille de Chine, se perd en mer au large du désert d'Oman sur un raid Gauloises. Au Nicaragua, il est pris en otage sur une course humanitaire. Aujourd'hui, 120 000 km au compteur, dont 30 000 en course. Vice-président de l'ASPTT d'Ajaccio, il organise le marathon de la ville, aide à celle de l'A Paolina, une des plus belles courses du monde, trop méconnue, un magnifique parcours de 72 km entre mer et montagne. Jean-Pierre est davantage « rentré dans le système », plus « pistard » qu'avant, mais toujours intrépide, il vient de faire 6 marathons en six jours ! Avec le poste d'entraîneur-formateur de niveau 4, il tient désormais son bâton de maréchal, et ne se déplace à Paris ou à Reims que pour les Championnats de France, où il cartonne en vétéran sur 10 km, semi, marathon, 100 km et vingt-quatre heures. « Je ne cours un marathon qu'après avoir fait un temps qualificatif à Ajaccio. La course donne tant de joie qu'il faut la pratiquer avec sérieux. Sinon on se fait mal », explique-t-il. « Ça me chagrine, la souf-

CETTE ANNÉE-LÀ…

Kaboul, la capitale de l'Afghanistan, tombe aux mains des talibans. (27 septembre)

La France chante « Aicha » avec Khaled et danse la « Macarena » avec Los del Rio.

Le César du meilleur film récompense « la Haine » de Kassovitz.

Janvier : quelques semaines après la sortie de la PlayStation, 3,4 millions de consoles sont déjà vendues dans le monde.

8 janvier : décès de François Mitterrand à l'âge de 79 ans.

27 mars : l'embargo sur le bœuf britannique par l'Union européenne marque le début de la crise de la « vache folle ».

8 juin : 5e victoire de Steffi Graf à Roland-Garros.

27 juillet : une bombe tue deux personnes lors des Jeux Olympiques d'Atlanta.

15 août : la Belgique est traumatisée par l'affaire du pédophile Marc Dutroux.

10 septembre : l'ONU adopte le traité d'interdiction des essais nucléaires.

france que je vois parfois dès les 15 premiers kilomètres. Il y en a qui s'accrochent à vous. Moi, je n'y tiens pas, chacun doit faire sa course, c'est un effort individuel, surtout entre le 10e et le 40e km ».

Rien n'est laissé au hasard

À soixante-quatre ans, ce soldat de la course soigne méticuleusement son arme, veille à son organisme. « J'ai dû avoir trois tendinites dans ma vie. » Une particularité : « Je devine ma vitesse en fonction de l'ouverture de ma cage thoracique. » Bref, il court comme il respire. Les journées sont planifiées autour des temps de course et de récupération. Un homme peut-il faire ça tout seul ? Apparemment non puisque sa femme, Huguette, « fait une intendance extraordinaire, accepte toutes les contraintes, se lève à 4 heures du matin pour préparer mon riz. » Rien n'est laissé au hasard : « Je cours Paris sur deux figues sèches de Pila-Canale et A Paolina avec des raisins de Corinthe. » Cette année, il fête ses cinquante ans de course à pied, des noces d'or qu'il veut prometteuses d'un avenir radieux : « Je me réjouis d'envisager les vingt belles années de course encore devant moi. Dans deux ou trois ans, j'aurai parcouru mon troisième tour de la Terre ! » ■

Organiser de belles courses donne le sourire.

Jean-Pierre Arrighi

Né le 27 juillet 1942, à Alger
Profession : Retraité des PTT
1er marathon : à Ajaccio, en 1981
Meilleur chrono : 2 h 55'
Plus de 100 marathons courus à ce jour

Cela fait cinquante ans que ce Corse court moustache au vent, sur tous les continents.

MENEURS D'ALLURE

BALLONS, CES LOCOMOTIVES QUI NE DÉRAILLENT JAMAIS

Le rôle d'un meneur d'allure est de permettre à un peloton dans le peloton de rester sur les rails d'un chrono durant 42,195 km. Mais il doit être aussi capable de transporter hommes et femmes grâce à ses conseils et encouragements. Ce qui en fait indéniablement un exemple à suivre. En route, suivez le ballon.

Au marathon de Paris, chacun va son train. Mais si on veut être à l'heure avenue Foch, la constance est de rigueur. Ceux qui ont peur de dérailler peuvent alors s'adjoindre les services d'une locomotive. Disons plutôt un régulateur d'allure, le principe est de toute façon le même : il faut filer le train à cet athlète confirmé qui parcourt la distance à un rythme régulier et en un temps donné. « Les premiers suivent bien des "lièvres"... Alors pourquoi pas ceux qui courent derrière et qui en ont davantage besoin ? » La question mérite d'être posée et Dominique Chauvelier, qui a souvent eu un train d'avance en matière de course à pied, est le premier à y avoir répondu. « Les coureurs ont beau être de mieux en mieux préparés, ils ont tendance à se surestimer. Pris dans l'ambiance, ils partent trop vite et le payent à la fin. Ils ont besoin de quelqu'un qui régule leur allure et qui les conseille. »

« Gagner la confiance »

Dès 1999, l'organisation du marathon de Paris adhère à son concept et lui propose de le mettre sur pieds. Pour trouver les jambes, pas de problème : Dominique fait appel à six copains et leur attache un ballon dans le dos dont la couleur reprend celle du sas

« On n'est pas fatigués ! » Sous l'impulsion
des meneurs d'allure, le peloton chante
à la sortie du tunnel pour oublier que
le mur n'est plus qu'à quelques foulées.

Vingt-quatre meneurs d'allure mettent le peloton sur les rails de six allures différentes.

et de l'objectif de temps associé. Pour que les marathoniens puissent prendre cette vessie pour une lanterne, elle flotte au bout d'une tige de deux mètres fixée sur un harnais. Du bon matériel qu'un copain de Dominique, employé à la SNCF, lui a usiné. Bruno Bourgouin, un des pionniers de 1999, s'en souvient : « On était équipés comme pour une expédition… Il fallait se mettre à deux ou trois pour s'harnacher. » C'est alors qu'une autre difficulté, et pas des moindres, s'est profilée. « Les coureurs se demandaient d'où on sortait avec nos ballons, poursuit Bruno. Il a fallu gagner leur confiance. » À voir les nuées de marathoniens qui suivent aujourd'hui les 24 ballons sur 6 allures différentes (3 heures, 3 h 15, 3 h 30, 3 h 45, 4 heures et 4 h 30), on comprend que le pari est tenu. Alors pourquoi Dominique Chauvelier n'a-t-il pas souhaité breveter son idée ? « Je me voyais mal attaquer en justice ceux qui allaient la reprendre. De toute façon, on ne fait pas ça pour l'argent. Le but, c'est la relation humaine, voir les mecs qui se tombent dans les bras à l'arrivée. »

En se mettant au service des coureurs, certains meneurs d'allure ont redécouvert le bonheur de franchir une ligne d'arrivée.

Fibre paternelle

À la descente du train, c'est en effet l'heure des embrassades. Mais, si les meneurs d'allure sont chaudement remerciés, ils sont aussi largement sollicités. Et ce, dès le vendredi, au Marathon expo. Jean-Marc Roux, une autre « locomotive » du peloton, explique que « les coureurs sont chargés d'angoisse et de questions. Ils connaissent souvent les réponses, mais, le jour J, ils ne sont plus sûrs de rien. Comme des enfants… » Comme eux, ils réclament aussi beaucoup d'attention : « Il y a des marathoniens qui se mettent à côté de vous et qui considèrent que vous êtes son meneur d'allure. Mais il faut bien s'occuper de tous ! » Bruno, qui a déjà œuvré sur plus d'une trentaine de courses, doit avoir la fibre paternelle… « Je suis à leur écoute du début à la fin et je leur parle aussi beaucoup. » En fonction du moment, il prodigue petits mots ou grands slogans. « Les régulateurs doivent faire preuve de psychologie, analyse Dominique Chauvelier. C'est leur rôle de sentir quand il faut motiver les troupes et quand il faut se faire plus discret. Tu ne fais pas chanter le peloton au 35e kilo ! » C'est en effet plus tôt sur le parcours, dans les tunnels parisiens, que l'on entend siffler le train : « On n'est pas fatigués ! On n'est pas fatigués ! » En revanche, « sur les cinq dernières bornes, il faut les transcender », ajoute Jean-Marc Roux.

« Comme la mer Rouge devant Moïse »

« Au service du coureur », tel est le mot d'ordre instauré par Dominique. Il est d'autant plus facile à suivre que les meneurs d'allure ont tout à y gagner. Jean-Marc avait peu à peu perdu la sensation de plaisir qui stimule tout compétiteur à l'arrivée. « J'ai à nouveau ressenti des frissons en passant la ligne avec les ballons et les coureurs. » De même, Bruno Bourgouin prend désormais davantage de plaisir à « courir pour eux » que pour lui. Il apprécie notamment « de voir le matin, quand on rejoint l'intérieur du peloton, le flot des marathoniens s'ouvrir comme la mer Rouge devant Moïse ! » Bruno est touché du respect qu'on lui témoigne. Mais un jour, à bord du train, il a trouvé bien plus que de la reconnaissance. Au départ, une coureuse est montée à ses côtés. Depuis, ils vivent leurs transports en commun. ■

Jean-Pierre Arrighi
Coorganisateur de l'A Paolina

« J'ai quitté Paris en 1976, l'année où le marathon de Paris a été créé. J'y suis revenu vingt ans plus tard pour courir cette épreuve. Elle m'a permis de revisiter cette ville et m'a plongé dans la nostalgie du Paris des années 1960, où j'étais encore un des rares à arpenter les rues en courant. Je me rappelle avoir fait un temps honorable sur ce marathon, juste au-dessous des trois heures. Mais la télévision a coupé la retransmission juste avant mon arrivée et mes parents n'ont pas pu me voir franchir la ligne... J'ai de toute façon pour objectif de le courir à nouveau à l'occasion du trentième anniversaire. »

Je suis...

Au départ...
« Habillage devant les stands, concentration, crèmes diverses, l'angoisse d'avant scène, que j'ai toujours même si elle est moins oppressante, le trac des artistes en somme. Léger échauffement, petit trot nerveux, visite à un buisson... Puis positionnement dans la masse des coureurs, premiers contacts avec ce peuple élu, les marathoniens. Feu ! »

... et à l'arrivée
« Une clameur qui monte, un virage sur la gauche : on est en bas de l'avenue Foch. Et là, sans prévenir, une grosse bouffée d'émotion monte brutalement, la gorge qui se noue, les larmes qui viennent... Surtout pas ! Je vais m'asphyxier ! Je passe la ligne en criant... 4 h 7' 58''... Ça y est, je l'ai fait ! MA-RA-THO-NIEN ! »

Dominique Laurent
Saint-Jean-D'Illac (33)
4 h 07' 58''

Jacques Rioublanc
organisateur du Marathon de Reims

« Le marathon de Reims a longtemps été en concurrence avec Paris en tant que première épreuve française sous les 2 h 10 min. Aujourd'hui cette compétition n'a plus lieu d'être. Le marathon de Paris bénéficie d'une aura mondiale et d'une organisation exceptionnelle. Nous nous en sommes beaucoup inspirés lorsque nous avons repris l'organisation de Reims. D'autant que Joël Lainé n'a jamais rechigné à partager son savoir-faire. »

En perdant Sylvie

« J'ai perdu Sylvie depuis déjà six kilomètres. A côté de moi, ça continue à s'écrouler comme un château de cartes. J'entends mes chaussures qui traînent sur le sol : j'essaie de relever les pieds, impossible de faire mieux. Je suis en train de bouffer mes talons... Plus qu'un kilomètre. Nous avons quitté le bois de Boulogne, la foule devient plus compacte. Quelqu'un sur le côté me crie : "Plus que 400 mètres !" Je lui réponds, je ne sais plus trop quoi, mais Sylvie, à quelques mètres de moi, reconnaît ma voix et m'appelle... Incroyable ! Elle est bloquée par les crampes, on adopte la même foulée, on court les 195 derniers mètres dans le délire, main dans la main. On franchit la ligne... »

Patrick Liaigre
Saint-Sauvant (17)
4 h 4' 44''

Jean-Claude Le Boulicaut
Organisateur d'Auray – Vannes

« C'est un rendez-vous incontournable de la course à pied. Tout marathonien se doit de l'avoir couru au moins une fois dans sa vie. Et, pour un organisateur d'épreuve, c'est l'occasion de retrouver tout le monde de la course sur route. »

EN CE 6 AVRIL

John Kemboi (Kenya) gagne en 2 h 10' 14''
Elena Razdroguina (Russie) gagne en 2 h 29' 10''
Philippe Couprie (France) remporte l'épreuve chez les handisports
16 211 arrivants

1997

Raymond Boudou
Agriculteur

Les bottes sont faites pour courir…

En 1995, Raymond Boudou, éleveur de vaches du Cantal est un coureur à pied « en bottes ». Une spécialité auvergnate rare, qui lui a valu un grand intérêt médiatique lors de sa venue à Paris. Et de devenir, pour un jour, presque aussi célèbre qu'un autre marathonien, Abebe Bikila, qui, lui, courait pieds nus.

L'histoire de Raymond Boudou au marathon de Paris, c'est la rencontre d'un travailleur de la terre avec le gratin de la course à pied, d'un homme tranquille pris dans le grand tourbillon médiatique. Le paysan coureur n'oubliera jamais son marathon de Paris de 1997, vite transformé en fiesta dans les circuits officiels de l'épreuve, hôtels, réceptions, dîners, plateau télé, tout compris. Du haut de ses vallons cantalous, il les avait vus venir, les journalistes. Raymond Boudou est un « bon sujet », comme on dit dans le jargon du métier. « On voulait du nouveau, et, moi, j'avais quelque chose d'insolite », résume-t-il. Pardi ! avoir un troupeau de vaches pour peloton d'entraînement et les pâturages escarpés du Cantal pour terrain de course, ça vaut son pesant de pittoresque !

Raymond Boudou
Né le 1er avril 1953
Profession : paysan, éleveur de vaches de Salers
1er marathon : à Decazeville, en 1989
Meilleur chrono : à Paris en 2 h 50' en 1997
20 marathons à ce jour

Dans la foulées de ses salers

Mais l'exotisme du personnage, destiné à alimenter les gazettes, n'en est pas moins balayé par les performances d'un véritable athlète de l'endurance ! Raymond, berger de ses vaches depuis l'âge de seize ans, est un authentique coureur. « C'est qu'elles sont vives, les salers. Même le taureau, qui pèse plus d'une tonne, court à 15 km/h ! » À leur coté chaque jour, matin, midi et soir, en bleu de travail et en bottes en caoutchouc, par tous les temps et en toutes saisons, il court. Raymond, le cheveu hirsute et la barbe brune, avec des mollets tout-terrain, est un personnage qui s'impose, dans les journaux comme sur les courses. Car un tel entraînement, unique et hors normes, ne s'accorde qu'à de vraies capacités. Passionné de longues distances et de cross, Raymond excelle là où d'autres patinent, « dans les bourbiers ». Sa course préférée, le grand raid sur l'île de la Réunion, appellé « la diagonale des fous », est un enfer au paradis qu'il a enduré avec trois copains du club Spiridon d'Aurillac. Coureur des champs, il n'est pas niais en ville ou sur le bitume, où il sait réaliser de bons chronos : 2 h 50' sur marathon !

Les voisins s'occupent des bêtes pendant son absence

La folle aventure médiatique débute en 1993, un jour de grand froid, à l'arrivée de

la Pastourelle de Salers, épreuve de montagne que Raymond remporte à quarante ans. Il en repart muni d'un billet pour courir à Montréal et, France 3 étant là, il « gagne » aussi la promesse d'un reportage local. Au bout d'un an, les caméras se pointent enfin à la ferme de Cassaniouze. Raymond se prête de bonne grâce aux volontés des reporters. Mais, dans le quartier, ça commence à jaser : « On m'a critiqué, jalousé, on m'a dit que c'était du folklore de courir en bottes. Que c'était que pour la télé », explique-t-il aussi au journaliste d'un magazine spécialisé qui l'interroge sur sa méthode. « Mais vous croyez que je peux mettre des baskets pour courir dans les champs ? »

Le sujet diffusé sur la chaîne locale fait boule de neige. On parle du « paysan marathonien » sur TF1 et Canal +. De nombreux portraits lui sont consacrés dans la presse écrite. Grâce au talent d'improvisation de

15 km/h de moyenne, la bête... il faut tenir le rythme, surtout avec des bottes !

Gérard Holtz dans son émission *Tout le sport,* la vedette locale devient célèbre dans tout l'Hexagone. Raymond, qui n'a rien demandé, est invité sur le plateau quelques jours avant le départ du marathon de Paris. Le présentateur annonce alors que Raymond n'a personne pour garder ses vaches durant la course.

Avec sa femme, Yvonne, ils reçoivent alors des centaines d'appels et de courriers. « C'était trop gentil. On n'en a pas dormi de la nuit. Ça nous a beaucoup tracassés. » C'est Joël Lainé, directeur de l'épreuve, qui, finalement, prendra en charge façon VIP la venue de Raymond sur Paris. C'est le voisin qui s'est occupé des bêtes pendant son absence : trois jours. Les salers auront eu le temps de souffler un peu. ■

CETTE ANNÉE-LÀ...

En Grande-Bretagne, Tony Blair devient Premier ministre. (1er juin)

Obispo chante « Lucie » et Andrea Bocelli « Con te partiro ».

30 avril : « La vérité si je mens ! » fait un tabac sur les écrans.

11 mai : l'ordinateur d'IBM Deep Blue bat Kasparov, le champion du monde d'échecs.

1er juin : la victoire des socialistes aux législatives ouvre la voix à la cohabitation Jospin-Chirac.

1er juillet : Hong Kong, territoire chinois sous administration britannique depuis 99 ans, est restitué à la Chine.

4 août : mort de la Française Jeanne Calment. La « doyenne de l'humanité » s'éteint à l'âge de 122 ans et 164 jours. Elle a pratiqué la bicyclette jusqu'à ses 100 ans.

31 août : mort de Lady Di.

21 octobre : un krach boursier place l'Asie du Sud-Est, puis l'Amérique latine au bord de la banqueroute.

17 novembre : des islamistes tirent sur des touristes au temple d'Hatschepsout à Thèbes, en Egypte, faisant une soixantaine de victimes.

Décembre : un Français sur dix possède un téléphone portable.

EN CE 5 AVRIL

1998

Jackson Kabiga (Kenya) gagne en 2 h 9' 37''
Nicole Caroll (Australie) gagne en 2 h 27' 06''
Philippe Couprie (France) remporte l'épreuve chez les handisports
17 434 arrivants

L'Arc de Triomphe
Monument historique

« Ô coureur inconnu, tu as ranimé ma flamme ! »

On peut être une gamine des rues de Paris et avoir une foule à ses pieds. On peut avoir côtoyé les grands hommes et tomber amoureuse d'un coureur inconnu.

La première fois, c'était en 1980. Comme j'étais encore un peu dans le brouillard, j'ai d'abord pris ça pour un défilé. Un 18 mai… Faut bien que je sois un peu bombée de l'arche quand même ! Mais je vous assure que ça surprend de se faire réveiller par 6 000 bonshommes en short ! Me retrouver avec une horde de coureurs à mes pieds, ça ne m'était jamais arrivé. Croyez pas que je manque de monde pour me faire du gringue : ils sont des millions à venir admirer mes gambettes chaque année et je n'en suis pas plus esbaudie que ça. C'est que j'en ai vu depuis Napoléon ! Ah ! ce petit bicorné, il avait de grandes idées… Sauf que j'ai dû attendre trente ans et la monarchie de Juillet pour être achevée. Depuis, on me prête un langage châtié, des goûts de luxe. Mon œil ! Moi, je suis une môme de Paris. Y a qu'à voir comment je lui causais, au père Hugo. Quand on a déposé son corps à mes côtés, je lui ai même fredonné la chanson de son Gavroche : « Joie est mon caractère, c'est la faute à Voltaire… » J'étais pourtant bien triste ce jour-là.

Je n'ai pas le choix : les grands moments d'émotion partagée, c'est mon métier. Voilà sans doute pourquoi on a pensé à moi pour le départ des marathoniens. Quel bel instant quand, le regard perdu au loin, ils tournent humblement le dos au triomphe ! Comme s'ils pressentaient les difficultés qui les attendent derrière la ligne… Ça me fait penser au bas-relief que François Rude m'a flanqué sur une jambe, *le Départ des volontaires* de 1792. Si, je suis sûr que vous le connaissez, on l'appelle aussi *la Marseillaise*… « Liberté, liberté chérie ! » Je vous garantis que je l'ai entendue quelques fois les 14 juillet. Celle qui reste gravée dans ma mémoire remonte pourtant à un 26 août, en 1944, quand le général de Gaule a descendu triomphalement les Champs-Élysées. Oui, je sais, on connaît la chanson… Mais les jours de marathon, on change de musique. Le Châtelet m'a causé de « la rumeur qui s'élève des tunnels » – paraîtrait que les coureurs y crient à tue-tête qu'ils ne sont pas fatigués. « L'opéra est bien plus à mon goût », qu'il a ajouté avec son accent distingué. Quel snob celui-là !

La tour Eiffel a le bec cloué

La pire, c'est la grande gigue. Elle a beau être de l'autre côté de la Seine, il faut toujours qu'elle la ramène : « J'ai le meilleur point de vue sur le marathon. » Pimbêche !

CETTE ANNÉE-LÀ…

La France remporte la Coupe du monde de football ; son peuple est en liesse et reprend l'hymne de Gloria Gaynor « I will survive ». (12 juillet)

Avec « My Heart Will Go On », Céline Dion fait couler les larmes et le « Titanic ». « On connaît la chanson » lui rétorque Alain Resnais.

Apparition en France des premiers lecteurs DVD de salon.

Lancement du Viagra, la petite pilule bleue pour rester vert.

Les relations du président Clinton avec sa stagiaire Monica Lewinsky préoccupent les États-Unis.

26 janvier : le Stade de France est inauguré à Saint-Denis.

6 février : le préfet de Corse Claude Érignac est assassiné dans les rues d'Ajaccio.

10 février : le projet de loi sur les 35 heures est adopté.

9 avril : Maurice Papon est condamné à dix ans de réclusion criminelle pour complicité de crimes contre l'humanité.

Malgré ses grandes et belles jambes, l'Arc de triomphe ne pourra jamais suivre son coureur inconnu.

La Maison de la radio, qui est toujours bien informée, lui a un jour posé une colle. Elle ne connaissait pas ce mur dont tous les marathoniens parlent, alors qu'elle l'avait sous ses yeux, au 30e kilomètre. Ça lui a cloué le bec ! Ne croyez pas que je sois jalouse d'elle. C'est vrai que je suis moins élancée… Mais, en matière de sport, j'en connais quand même un rayon. J'ai vu Anquetil, Merckx, Hinault et Armstrong boucler la Grande Boucle. Et j'étais avec tous les supporters de l'équipe de France de football pour fêter la Coupe du monde. Quelle ambiance ! C'était en 1998, décidément une grande année.

Cœur de pierre

Parce que je dois vous faire une confidence : le 5 avril 1998, jour de marathon, j'ai trouvé l'amour dans le peloton. Depuis, on se donne rendez-vous chaque année. Il ne porte pas de nom, seulement un dossard, mais je le reconnaîtrais entre 35 000. Quand je le vois s'élancer sur les Champs-Élysées, je me sens toute chose. Heureusement, la Concorde, un vieux poteau que je garde toujours en ligne de mire, me donne des nouvelles. Ce qui ne m'empêche pas de me faire du mouron quand approche ce fameux mur. Je suis tellement inquiète que j'en deviens poète ; je le hèle, je lui crie : « Ô coureur inconnu, tu as ranimé ma flamme ! » Et quel bonheur quand je le vois enfin au bout de l'avenue Foch… Croyez-en mon expérience, même un cœur de pierre ne saurait y résister. ■

EN CE 5 AVRIL

1999

Julius Ruto (Kenya) gagne en 2 h 8' 10''
Cristina Costea (Roumanie) gagne en 2 h 26' 11''
Joël Jeannot (France) remporte l'épreuve chez les handisports
17 544 arrivants

Joël Jeannot
Mécanicien

Le marathon pour transformer le malheur en réussite

C'est sur l'asphalte parisien que Joël Jeannot, figure emblématique du handisport tricolore, a débuté. Trois ans seulement après l'accident du travail qui lui a sectionné la moelle épinière, l'homme au fauteuil franchit la ligne mythique… À nouveau son monde change.

Joël Jeannot va chercher ses victoires à la force de ses bras…

Avec le fauteuil, il est dans la foule comme un poisson dans l'eau, s'amuse avec tous, fait le joli cœur avec les filles. Sa gueule d'ange et son grand sourire photogénique sont la proie des flashs. Jeune retraité de l'athlétisme, Joël Jeannot est venu sur les Champs-Élysées soutenir la candidature de Paris aux JO de 2012. Non loin d'ici, sur l'avenue Foch, il a passé onze fois la ligne d'arrivée pour figurer sur dix podiums et remporter cinq victoires (trois crevaisons ont eu raison d'un sixième succès en 2004). Le marathon parisien a été le tremplin de sa carrière. « Paris s'est toujours intéressé au handisport, et puis ici on a la chance d'être vu sur les chaînes nationales ; pour Los Angeles, Berlin ou le Japon, il faut avoir Eurosport. » Il poursuit : « La reconnaissance, c'est important quand on est handicapé. » Joël Jeannot est un VIP du handisport. Et du sport tout court : en 2004, il est nommé capitaine et porte-drapeau de l'équipe de France aux JO d'Athènes. Pourquoi lui ? « Parce que je suis beau », plaisante-t-il. « En fait, ça récompensait mon comportement avec les autres – je sais remonter le moral des troupes – et ma performance à Saint-Denis. » Cette désignation couronne en effet son courage et sa volonté exemplaires depuis le tragique coup du sort qui l'a cloué sur un fauteuil quatorze ans plus tôt.

Les sommets du sport après la descente aux enfers

En 1993, quand il prend le départ de son premier marathon, à Paris, il n'y a pas trois ans que cet ancien mécanicien de vingt-huit ans a été terrassé par un accident du travail qui lui sectionne la colonne en deux. Aîné d'une famille martiniquaise de six enfants, il ne doit pas sombrer. Au lieu de végéter aux Antilles, il débarque en Dordogne pour bénéficier d'infrastructures appropriées. « J'ai mis des roues et le monde s'est ouvert ! » déclare-t-il. Dès lors, il voyage d'un bout à l'autre de la planète à la recherche du meilleur chrono. Transformer l'échec en victoire, mener le malheur à la réussite, était sa seule façon d'accepter la différence. « En handisport plus qu'ailleurs, le succès et l'exploit sont une nécessité. » Et quel exploit ! Multi-médaillé d'or aux Championnats de France, d'Europe et du monde, aux JO de Sydney et d'Atlanta, victorieux de nombreuses épreu-

CETTE ANNÉE-LÀ…

Naufrage de *l'Erika* ; 10 000 tonnes de pétrole souillent le littoral français. (11 décembre)

Zebda fait « Tomber la chemise ».

1er janvier : l'Euro entre en vigueur.

20 avril : au lycée Columbine dans le Colorado, deux adolescents tirent sur leurs camarades, faisant 13 morts, avant de se suicider.

27 mai : Le président serbe Svoboda Milosevic est inculpé pour crimes de guerre et crimes contre l'humanité au Kosovo.

23 juin : sortie de « Matrix ».

Août : La France compte 5 millions d'internautes.

12 août : José Bové « démonte » un McDonald's à Millau.

12 octobre : la population mondiale atteint 6 milliards d'habitants.

13 octobre : Adoption du pacte civil de solidarité (Pacs).

26 et 27 décembre : une tempête avec des vents atteignant 210 km/h provoque de lourds dégâts et la mort de 88 personnes en France.

…mais il reste un homme de cœur qui souhaite désormais mettre sa passion du sport au service des autres.

ves internationales et sélectionné neuf ans en équipe de France, Joël Jeannot affiche à quarante ans un palmarès de légende. Sa carrière atteint des sommets en 2003 : il établit un temps record sur Paris en 1 h 28' et revient avec cinq médailles d'or des Championnats d'Europe d'Assen. Et le soir du 29 août, aux Championnats du monde, il est le premier à faire résonner *la Marseillaise* au Stade de France après un 1 500 mètres de folie, dix ans jour pour jour après son accident. Aujourd'hui, il ne roule pas sur l'or. La compétition ne lui a pas rapporté gros, les records handisport n'étant pas comptabilisés avec les valides. A le voir dans sa quarantaine flamboyante, on se dit qu'il est tôt pour stopper une carrière si chèrement acquise. Mais il n'y trouve nulle ingratitude. « Ma place est ailleurs maintenant : je dois mettre ma célébrité au service du handisport qui souffre d'un manque de médiatisation. »

À son tour, il souhaite encadrer de jeunes handicapés et se prépare aux examens pour obtenir le brevet d'état d'éducateur sportif. ■

Joël Jeannot

Né le 23 septembre 1965, en Martinique
Profession : ancien mécanicien, ancien athlète et futur entraîneur
1er marathon : à Paris, en 1993
Meilleur chrono : 1 h 21'08''

QUAND LES SOURIRES ACCOUCHENT D'UNE MONTAGNE

L'organisation du marathon de Paris repose avant tout sur ses 3 000 bénévoles. C'est leur présence, leurs milliers de gestes qui ont construit le succès de l'épreuve. Ce sont leurs milliers de sourires qui permettent, devant ou derrière la barrière, de partager une expérience humaine inoubliable.

Un gobelet donné au ravitaillement, une direction indiquée sur le parcours, une médaille offerte à l'arrivée, c'est toujours une main tendue. C'est parfois un remerciement en retour. C'est aussi un geste répété des milliers de fois par des milliers de bras, mille pattes, petites fourmis qui œuvrent pour la réussite du marathon. « Tout le monde travaille dans le même sens », confirme Alain Beaurepaire, qui s'active depuis dix ans aux environs du kilomètre 7. Chacun à son poste, chacun a son rôle. « Les volontaires sont généralement spécialisés », explique Joël Lainé, le directeur du marathon de Paris. « Ainsi, au fil des ans, ils gagnent en expertise. » Aux stands de ravitaillement ou d'épongement, dans les sas de départ ou les vestiaires à l'arrivée, mais aussi au Marathon expo, à la pasta party ou lors de la course du petit déjeuner, ils sont environ 3 000 bénévoles disséminés dans le monde du marathon. Un pour une douzaine de coureurs, c'est le bon rapport. Celui qui assure au marathonien sa sécurité. Son confort aussi : pouvoir prendre une bouteille d'eau

Grâce à cet étal de sourires, beaucoup de coureurs trouvent la force de continuer.

ELLE EST
BELLE LA
MIMI
reebok.com

Au marathon de Paris, il n'est pas question d'arriver sans tambour ni trompette.

sans avoir à s'arrêter. Se faire enlever sa puce sans avoir à se baisser. Par tout et pour tous, les volontaires sont aux petits soins.

« Comme dans le peloton »

« Pas de miracle, c'est du boulot », résume Alain Beaurepaire. « J'arrive vers 6 heures du matin sur mon poste. Il faut ensuite pointer l'équipe, dresser le stand, découper les éponges… » Un peu plus loin, d'autres mettent en place bouteilles d'eau, bananes, oranges, citrons, fruits secs et autres sucres en morceaux. Un véritable étal de marchand, sauf qu'ici tout est gratuit et le sourire compris. Les coureurs leur en sont d'ailleurs très reconnaissants. « Chaque année, on reçoit des centaines de messages de participants qui remercient les bénévoles pour leur gentillesse », rapporte Joël Lainé. Est-ce ce qui les pousse dehors par un frais dimanche matin d'avril ? Pas seulement. Catherine Cretel s'est engagée parce que son mari courait. « Alors autant me rendre utile en l'attendant ! » Puis elle y a aimé « le grand brassage social, avec des gens qui viennent de tous les horizons, un peu comme dans le peloton ». Dominique Bontoux a couru autant de fois le marathon de Paris qu'il y a été bénévole : dix fois. « J'ai adoré cette épreuve, mais je ne peux plus y participer. Je poursuis donc autrement ce que je ne peux plus faire avec mes jambes. D'autant que j'ai débuté dans un club où on m'a appris qu'il fallait savoir se porter volontaire pour faire vivre l'athlétisme. »

Participer à un événement

Marie-Alexandra Henry, du club des Frontrunner, a franchi le pas voilà six ans : « Je ne m'attendais pas à ce que cela me plaise autant. C'est une belle expérience de la vie. » Alain Beaurepaire ajoute qu'il a « la sensation de servir à quelque chose, de participer à un événement. Une fois qu'on y a goûté, on a envie d'y retourner. » Jean-Claude Blot, lui, voulait voir « ce qui se passait derrière la barrière ». En coulisse, il a pu « côtoyer des gens que, sans le marathon, l'on n'aurait jamais rencontrés. » Aujourd'hui responsable de la sécurité sur le parcours, il gère 400 personnes et s'occupe aussi de leur recrutement. Il connaît donc bien leurs motivations : « La plupart viennent pour le contact, pour se retrouver. »

« Perruques et faux nez »

La chaleur humaine en somme. Eveline Adélaïde, dynamique vétérane 3 et bénévole depuis 1978, explique ainsi que « sans bonne ambiance, ça ne marche pas. On en a besoin pour être au top. » Chacun a ses astuces pour y contribuer. « Une année, on a mis des perruques et des faux nez », se souvient Alain Beaurepaire. Quant à Marie-Alexandra Henry, elle fait venir des danseurs sur son stand. Joël Lainé apporte lui aussi sa touche. « C'est mon rôle de maintenir un climat de convivialité », assure-t-il. Pour ce faire, il organise notamment une soirée qui réunit chaque année tous les volontaires. Ce sont les piliers de l'organisation et Joël Lainé sait que, « sans eux, on serait dans l'incapacité la plus totale d'organiser un tel événement ». Comment faire sans ces milliers de gestes répétés, de sourires, de bras tendus pour remettre les médailles ? Alors arrivés ici, c'est sans doute le moment, à notre tour, de leur en décerner une. ■

Sans ses 3 000 bénévoles, que serait le marathon ?

Sans doute pas la fête qu'il est devenu…

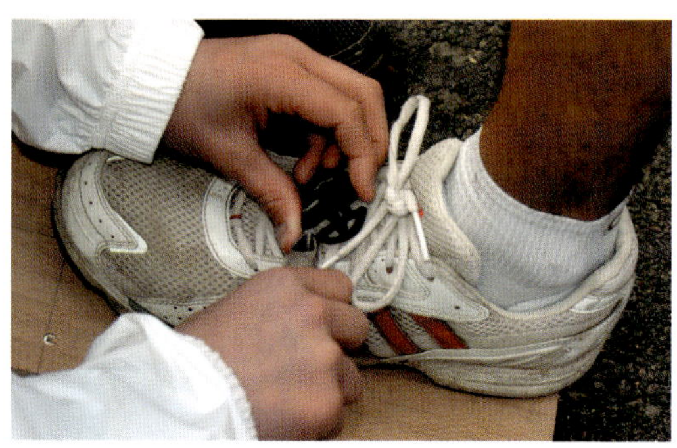
… grâce à tous ceux qui mettent la main à la pâte.

Au chic parisien

« En 2003, j'ai voulu ajouter un peu de piment à mon 17e marathon : courir 42,195 km en costume et chaussures de ville, chapeau et cravate... Un grand bonheur ! »

Claude Lalloz, 60 ans
Villes-sur-Auzon (84)

Le M.A.R.A.T.H.O.N. de vous à moi...

M comme macadam : vous allez le fouler durant 42,195 km. Au début, vous n'y penserez pas. Mais au fur et à mesure vous vous rendrez compte qu'il est bien présent et à chaque foulée vous le sentirez résonner dans vos articulations. À un point tel qu'il deviendra votre obsession jusqu'à la fin.

A comme allure : vous l'avez répétée plusieurs fois lors de vos entraînements, cette allure marathon. Elle vous permettra d'aller au bout de vos rêves. Ne pas se laisser entraîner par l'euphorie du départ et la garder le plus longtemps possible...

R comme ravitaillement : surtout, ne pas faire l'impasse sur ses moments importants, sinon vous le paierez comptant.

A comme acclamer : toute cette foule le long du parcours qui vous encourage et salue l'exploit que vous êtes en train de réaliser...

T comme tête : c'est ici que tout se passe maintenant. Vous êtes face à vous-mêmes, ne pas lâcher, aller au bout, terminer coûte que coûte.

H comme histoire : vous êtes en train d'écrire votre histoire. Philippides, lui, ignorait que la sienne traverserait les siècles. Ce soldat grec a couru jusqu'à Athènes depuis le champ de bataille de Marathon pour annoncer à ses compatriotes la victoire remportée sur les Perses.

O comme objectif : il est en vue, ce n'est pas le moment de craquer, votre victoire est au bout de la route.

N comme...
Nuage sur lequel vous êtes depuis que vous avez franchi cette ligne tant convoiter.
Nom, le vôtre, que vous avez inscrit au registre de l'épreuve reine des courses sur route.
Nostalgie avec laquelle vous repensez déjà à votre course. Et votre seule envie, c'est de recommencer.

Philippe Duparc
Guyancourt (78)
3 h 22' 24"

Bob Rodo

Membre du comité d'organisation de Marseille-Cassis

« Pour moi, c'est le plus beau marathon du monde. L'organisation est telle qu'il est doit être difficile pour un coureur de dire qu'il n'est pas satisfait. Mais, pour ma part, j'ai renoncé à le courir : on fait trop la fête sur les stands du Marathon expo. Avec les copains organisateurs, on participe plutôt au marathon du Ricard ! Et qu'est-ce que ce sera pour les trente ans ! Le père Joël peut s'attendre à ce qu'on lui réserve une belle surprise... »

Jacques Bravo

maire du IXe arrondissement de Paris

« Ce marathon est pour moi à la croisée d'une passion pour Paris et d'une histoire personnelle. Il y a quatorze ans, un grave accident m'a cloué dans un fauteuil. Moi qui avais toujours été un grand sportif, je ne savais pas si j'allais pouvoir remarcher. Mon chirurgien était un marathonien, il m'a encouragé à courir. Je me souviens encore de mes premiers footings de 10, 20, puis 50 mètres où je me mordais la langue de douleur. Mais je suis allé à la reconquête de ma jambe, jusqu'à réussir à courir le marathon en moins de quatre heures. J'ai rattrapé un rêve grâce à la course à pied. Aujourd'hui, je donne le départ avec Bertrand Delanoë et je saute par-dessus la balustrade pour me jeter dans la bousculade ! Je suis si fier que Paris fasse partie des cinq plus grands marathons au monde... Mon désir, c'est que les parisiens participent davantage à la fête. Alors je travaille, avec d'autres, à ce qu'ils accèdent à une culture sportive de masse. Le marathon, c'est une communauté de vie, une grande famille. Si je cours la trentième édition de Paris, ce sera mon neuvième marathon ici. Étant le maire du neuvième arrondissement, je ne peux que rempiler ! »

EN CE 9 AVRIL

2000

Mohamed Ouaadi (France) gagne en 2 h 8' 49''
Marleen Renders (Belgique) gagne en 2 h 23' 43''
Joël Jeannot (France) remporte l'épreuve chez les handisports en 1 h 30' 26''
27 596 arrivants

Arno Klarsfeld

Avocat

« Pour moi, le peloton est un endroit sûr »

Tout faire, tout fouler, du parquet au bitume en passant par la terre sacrée… Voilà ce qui embrase ce jeune avocat qui ne sort de son apathie que pour pénétrer au cœur de l'action ou se réveiller au milieu d'un peloton.

Il n'est jamais là où on l'attend. On l'imagine habiter une coquette garçonnière ; il vit avec ses parents, leurs deux chiens et ses deux chats récupérés dans les poubelles de Jérusalem Ouest. On le dit noceur impénitent. Il ne boit que de l'eau et préfère les documentaires animaliers à la faune des noctambules. Même son visage est un trompe-l'œil. Parfois dur, articulé autour d'une bouche épaisse et d'une mâchoire carnassière. Parfois celui d'un enfant. La combinaison est instable, oscille entre une légèreté qui le délie de ce que les gens pensent de lui et une gravité qui l'attache à son passé. Son prénom est celui de son grand-père, mort à Auschwitz à l'âge qu'Arno a aujourd'hui. Son nom lui vient de Serge, son père historien qui, un à un, a sorti de l'oubli des dizaines de milliers de déportés. Son année de naissance, 1966, marque le début de la lutte de ses parents contre les anciens dignitaires nazis. Comment alors ne pas dire : « J'aime être actif pour ce qui me semble juste. »

Arno Klarsfeld

Né le 27 août 1966
Profession : avocat
1er marathon : lors de l'ironman de Klagenfurt, en Autriche, en 1999
Meilleur chrono : 3 h 25' 44'' à Paris, en 2002
4 marathons courus à ce jour

Engagé à défendre

D'autant que c'est justement au cœur de l'action que cet homme indolent se révèle. Comme à l'occasion des procès Touvier et Papon où Arno s'est avéré être un habile défenseur des causes qui l'animent. Mais pourquoi avoir choisi d'être avocat ? « Parce que je n'avais aucun don particulier à l'exception d'une bonne mémoire », glisse-t-il de son air nonchalant. Il a surtout pour lui de toucher à tout avec talent. Il a déjà écrit cinq livres dont deux romans, a réalisé des documentaires, s'est engagé dans l'armée israélienne… Il s'est aussi mis à la course. Par hasard, après être tombé sur une revue de triathlon dans un aéroport. Il fait son premier marathon en Autriche, après 3 800 m à la nage et 180 km à vélo, lors de l'ironman de Klagenfurt en 1999. Mais il aurait dû apprendre à courir plus jeune. À vingt ans, par exemple, quand, au cours d'un meeting du FN, il est monté sur scène à côté du leader frontiste, devant 5 000 de ses militants. Son tee-shirt « Le Pen raciste » n'a pas été très bien accueilli et lui a valu un séjour à l'hôpital.

Il est bien mieux reçu en l'an 2000 dans le peloton du marathon de Paris : des amis lui fournissent un dossard et lui permettent de s'aligner derrière l'élite. Arno se laisse faire, les yeux encore tous collés. Levé à 9 heures passées, départ à 10. Heureusement qu'il n'habite pas loin !

La solidarité s'installe

Le temps de réaliser qu'il se trouve au milieu de 30 000 coureurs, le starter est donné. Sa technique de course ? Celle qu'il appliquera également en 2002 et 2003 sur cette même épreuve : aucune. « Je pars à 15 km/h, puis la cadence baisse. » Résultat : « Avec mon dossard numéro 100, les gens me demandent ce que je fiche en 3 h 30 ! » Ce qui donne au moins l'occasion de discuter : « C'est toujours agréable avec des sportifs. Les barrières sociales s'abaissent vite pour laisser place à une vraie solidarité. » Il ajoute cette phrase énigmatique : « Le pelo-

Le peloton s'étire sous le regard protecteur de la Nation sur la place éponyme.

ton est un endroit sûr. » Plus que d'autres, c'est certain. En 2004, après avoir pris la nationalité israélienne, c'est autour de l'esplanade des Mosquées, à Jérusalem qu'Arno enchaîne les foulées. Jusqu'au jour où un joggeur se fait tuer dans le secteur. Son père lui fait alors promettre de ne pas y retourner courir : « Tu aurais l'air fin d'être venu faire l'armée en Israël et de mourir en faisant ta gymnastique ! » Car Serge a toujours son mot à dire et c'est d'ailleurs lui qui clôturera l'interview en interpellant son fils, ironique : « C'est quand ton prochain marathon ? » Pour toute réponse, il n'obtiendra qu'un grommellement. ■

CETTE ANNÉE-LÀ...

Un Concorde d'Air France à destination de New York s'écrase peu après le décollage. Aucun des 113 passagers ne survit. (25 juillet)

Henri Salvador s'offre à 83 ans un beau « Jardin d'hiver », meilleure vente d'album de l'année.

Le réalisateur Wong Kar Wai sublime l'amour dans « In the Mood for Love ».

58,7 millions de Français sont recensés.

1er janvier : le bug de l'an 2000 n'a pas lieu.

2 juillet : les Bleus remportent la Coupe d'Europe de football.

28 septembre : à Jérusalem, la visite d'Ariel Sharon sur l'esplanade des Mosquées provoque des affrontements entre Palestiniens et forces de sécurité israéliennes. C'est le début de la deuxième Intifada.

22 novembre : Emil Zatopek, le quadruple champion olympique tchèque, s'éteint à l'âge de 78 ans.

14 décembre : à la suite d'un litige en Floride, une décision de la Cour suprême permet à George W. Bush de devenir président des États-Unis.

EN CE 8 AVRIL

2001

Simon Biwott (Kenya) gagne en 2 h 9' 40"
Florence Barsosio (France) gagne en 2 h 27' 53"
Joël Jeannot (France) remporte l'épreuve chez les handisports en 1 h 37' 44"
22 343 arrivants

Odile Lesage
Responsable communication

Courir pour oser lever les yeux et leur parler

Cette athlète convertie à la communication a combattu sa timidité grâce au sport. Aller vers les autres lui a alors permis de relever un autre grand défi : finir un marathon.

Odile Lesage
Née le 28 juin 1969
Profession : directrice de la communication de la Fédération française d'athlétisme, ex-championne d'heptathlon
1er marathon : à New York, en 1999
Meilleur chrono : 3 h 58'
Deux marathons courus à ce jour

Ils ont longtemps été son enfer. Pourtant les autres sont aujourd'hui son métier. Odile s'occupe de la communication de la Fédération française d'athlétisme. Elégante en tailleur, de l'alto dans la voix : derrière cette grande silhouette élancée, on a du mal à imaginer la petite fille inhibée. Celle dont un pédopsychiatre a un jour diagnostiqué la « timidité maladive ». Il lui a proposé une thérapie : le sport. À huit ans, elle est inscrite dans un club d'athlétisme et le remède fait son effet. « Au lieu de regarder mes pieds, courir m'a obligé à lever les yeux, puis à voir les gens et finalement à leur parler. » Les premières médailles d'Odile accompagnent ces progrès. Mais chez les Lesage, on est davantage attachés aux diplômes. « Mes parents ne m'ont laissé faire de l'athlétisme que parce que je travaillais bien à l'école. » En 1991, elle bat le record mondial de pentathlon en salle ; en 1992, elle participe à l'heptathlon des Jeux de Barcelone ; en 1993, elle est diplômée de l'ESCP, une des meilleures écoles françaises de commerce. Un pied dans les études, l'autre sur la piste, Odile a trouvé son équilibre.

Doublée par des « pépés »...

Puis elle quitte ces deux univers et il lui faut trouver de nouveaux terrains de jeux pour continuer à se lancer des défis. Travaillant au marketing chez Nike, elle associe naturellement la communication et le fond. « Avec mon passé d'athlète, je pensais avoir une longueur d'avance. Mais, quand j'ai vu des pépés me doubler, j'ai compris que la course sur route était une grande leçon d'humilité ! » Odile persévère parce qu'elle a depuis longtemps un objectif : le marathon. « Quand je faisais encore de la compétition, j'admirais les marathoniens. Je m'étais juré d'en courir au moins un dans ma vie. » C'est chose faite à New York en 1999. « Quand j'ai passé la ligne d'arrivée, je crois que j'étais encore plus fière que lorsque j'ai battu mon record à Barcelone. Aller aux Jeux était logique, alors que finir un marathon m'a toujours semblé utopique. »

... et poussée par la solidarité des marathoniens

En particulier lors de l'édition de Paris 2001. Présente au Marathon expo, elle retrouve une amie qui lui demande de l'accompagner sur les 42 kilomètres. Odile manque d'entraînement et lui propose de n'en faire que la moitié. Rendez-vous est pris. Sauf que deux jours plus tard, aux pieds de l'arc de Triomphe, impossible de se retrouver. Et elle n'imagine pas faire machine arrière, alors... « j'en ai bavé dès le 19e kilomètre ! » Heureusement, elle rencontre un coureur de l'association Manche Oxygène qui pousse le fauteuil d'une personne handicapée. « Il devait avoir plus de soixante ans et n'était pas très bien non plus. Difficile de me plaindre auprès de lui... On s'est donc raconté nos vies ; par moments, j'ai pris le relais... » Elle qui voulait s'arrêter au semi se voit petit à petit poussée vers l'arrivée par cette solidarité. Alors, à quand la prochaine dose d'utopie ? « Sans doute pour mes quarante ans. » Bref, pas pour tout de suite. Ce qui laisse le temps à son mari, Stéphane Diagana, le vice-champion du monde de 400 m haies, de préparer le marathon de New York. « Quand il part s'entraîner, c'est moi qui garde les enfants. » Deux bouts de chou qui pour l'instant n'ont rien de timides. Et quand bien même, Odile connaît un remède. ■

CETTE ANNÉE-LÀ...

Deux avions suicide percutent les tours jumelles du World Trade Center à New York. Plus de 4 000 personnes y périssent. L'onde de choc se fait sentir dans le monde entier. (11 septembre)

La France redécouvre « la Musique », l'hymne de l'émission de télé-réalité Star Academy.

18 mars : élection de Bertrand Delanoë à la mairie de Paris.

26 avril : des millions de spectateurs regardent par le trou de la serrure du Loft.

9 septembre : le commandant Massoud est assassiné en Afghanistan.

21 septembre : l'explosion de l'usine AZF à Toulouse fait 30 morts.

7 octobre : Américains et Britanniques partent à l'assaut de l'Afghanistan pour traquer les talibans et leur leader Oussama Ben Laden.

2 décembre : des fraudes comptables conduisent le géant de l'énergie américain Enron à la faillite.

5 décembre : « Harry Potter » fait fureur.

Elle qui avait l'habitude d'avancer sur la pointe des pieds a appris à s'imposer grâce à la course.

EN CE 7 AVRIL

2002

Benoit Zwierzchlewski (France) gagne en 2 h 08' 18"
Marleen Renders (Belgique) gagne en 2 h 23' 5"
Joël Jeannot (France) remporte l'épreuve chez les handisports en 1 h 36' 7"
24 025 arrivants

Monique et Christian Paulevé
Sage-femme et fonctionnaire

Pour le meilleur bien sûr, mais d'abord pour le pire…

Monique et Christian ont célébré leurs vingt ans de mariage sur le marathon de Paris en 2002. Une première qu'ils ont accomplie collés-serrés, d'une même foulée, réunis quatre heures et quatorze minutes durant dans un seul tee-shirt. Autant dire qu'il s'agit d'un exploit, même si, pour eux, il s'agit simplement d'un marathon en amoureux.

« Au début, l'idée du tee-shirt est venue parce qu'on avait peur d'être séparés et de ne pas se retrouver parmi les 25 000 coureurs », explique Monique. « Et c'est devenu notre bannière pour symboliser notre union », poursuit Christian. De vrais inséparables ces deux-là, qui partagent le pain, l'amour, et, depuis cinq ans, la course à pied. « On n'imagine même pas courir l'un sans l'autre », annoncent-ils. À tel point qu'ils ont cavalé leur premier marathon dans le même tee-shirt. En fait, un morceau de tissu blanc qui les reliait de l'épaule au poignet grâce à des élastiques et des bandes Velcro. La contrainte d'un tel dispositif : « Il fallait juste se mettre bien d'accord au moment des ravitaillements et des pauses pipi ! » rigole Christian.

Plus de quatre-vingt nations sont représentées dans le peloton du marathon de Paris.

« Une chose impensable »

Tout ça doit aussi bien faire rire leurs enfants de dix-huit et vingt printemps. « Pour eux, courir relève d'une activité incompréhensible, explique Monique. Mais, s'ils ne nous comprennent pas, ils nous soutiennent et sont fiers de nos résultats. » Des supporters actifs, qui à Paris ont « marathonné » en parallèle, suivant l'évolution des parents, cavalant portables et plan de métro en main. Une aventure pour tous, car, en ce mois d'avril 2002, nos doux oiseaux courent depuis moins d'un an. Et ce marathon est comme une première envolée au printemps. « Au départ, c'était une chose impensable », raconte Monique, « un objectif un peu fou. C'est devenu une belle occasion de célébrer nos vingt ans de mariage. En fait, cette performance, on la voulait et on était sûrs d'y arriver », explique-t-elle. « On était comme sur un nuage », se souvient Christian. « D'après un journaliste qui nous a suivis en moto, on avait une bonne

CETTE ANNÉE-LÀ…

Les billets et pièces en euros entrent dans les porte-monnaie des Français. (1er janvier)

On fredonne « Quelqu'un m'a dit » et on découvre Carla Bruni en chanteuse.

« Le Fabuleux Destin d'Amélie Poulain » reçoit le césar du meilleur film.

23 février : en Colombie, la candidate à l'élection présidentielle Ingrid Betancourt est enlevée par les Forces armées révolutionnaires de Colombie.

26 mars : un forcené tue huit membres du conseil municipal de Nanterre.

21 avril : Jean-Marie Le Pen, président du Front national, accède au second tour de l'élection présidentielle. L'événement déclenche des manifestations dans toute la France. Jacques Chirac est finalement réélu avec 82 % des voix.

14 juillet : un militant d'extrême droite tire sur le président Chirac lors du défilé de la fête nationale.

20 juillet : avec Paris-Plage, la capitale prend ses quartiers d'été.

42,195 kilomètres pour 20 ans de mariage : à ce rythme-là, pas de doute qu'ils vont encore tenir longtemps !

foulée ! » L'amour donne des ailes… Nos tourtereaux préfèrent maintenant les marathons aux petites courses locales par lesquelles ils ont commencé. Après Paris, ils ont fait New York et Florence en courant.

« Un moment pour nous »

Aujourd'hui, les petits sont partis nicher ailleurs, alors le couple convole librement sur les chemins de la course à pied. Chacun travaillant de son côté, les moments de liberté communs sont l'occasion d'aller « prendre l'air » main dans la main dans leur beau pays de Provence. Monique est sage-femme. Sa garde terminée, elle va retrouver son conseiller en questions équestres de mari et ensemble ils vont parcourir la campagne de Pagnol, arpenter les plateaux et les collines entre l'étang de Berre, Aix-en-Provence et Marseille. « On a un vrai besoin de bouger, de se détendre avec le plaisir d'être dehors. On marche un peu et on y va tranquille. C'est un moment pour nous. »

« D'une courte tête »

Bien sûr, un marathonien à deux têtes, quatre pattes et un seul cœur, ça reste assez rare. Pourtant, Monique et Christian voient de plus en plus de couples sur les courses. Sans doute ne sont-ils pas nombreux à courir ainsi au même rythme, d'un même battement de cœur. « On a débuté côte à côte et, sauf exception, on court exclusivement ensemble, donc, on progresse ensemble », expliquent-ils. « Les couples ont tendance à se défaire sur les courses, pas nous ! » plaisante Christian. « Un classement "couples" inciterait les maris à ne pas laisser tomber leur femme », renchérit Monique. Aucun risque avec Christian. ■

Monique et Christian Paulevé

Monique est née en 1961,
Christian est né en 1958
Monique est sage-femme,
Christian cadre régional jeunesse et sports
1er marathon : à Paris, en 2002
Meilleur chrono : 4 h 14'
5 marathons et 2 courses de 65 km à ce jour

EN CE 6 AVRIL

2003

Michael Rotich (Kenya) gagne en 2 h 6' 33"
Beatrice Omwanza (Kenya) gagne en 2 h 27' 44"
Joël Jeannot (France) remporte l'épreuve chez les handisports en 1 h 28' 5"
29 036 arrivants

Serge Lévy

Expert-comptable

Le marathon de Paris pour clôturer les comptes

Lorsque Serge Lévy, expert-comptable toulousain, s'est mis à courir, il était loin de se douter de la direction que cette première foulée allait donner à sa vie professionnelle. Sport et comptabilité ont rapidement fait bon ménage, Il a su depuis entretenir ce tandem gagnant.

Tout compte fait, on s'aperçoit que Serge n'était pas très actif. Pas sportif pour un sou même, « plutôt du genre dispensé ». Monter son cabinet d'expertise comptable à Toulouse l'intéressait bien davantage que de chausser les runnings. Jusqu'à ce petit matin de 1979 où son coiffeur lui propose de courir avec lui dans le parc d'en face. Il arrive que le destin se noue ainsi chez le barbier de quartier... Ce jour-là, Serge ne peut dépasser les 50 mètres sans cracher ses poumons. « J'ai pris conscience qu'il y avait un problème », explique-t-il. Il se fait alors le pari d'aller courir chaque matin. Puis les compètes arrivent très vite, des 10 ou 15 bornes au bout de trois mois d'entraînement. « J'étais toujours dernier, mais j'avais le sentiment d'avoir fait un exploit extraordinaire ! »

Son carnet de commandes grossit quand il allonge la foulée

Depuis, plus Serge court, plus ça marche au cabinet d'expertise. Hasard ou coïncidence ? Toujours est-il que travail et course à pied arrivent dans la foulée ; son carnet de commandes grossit au fur et à mesure que Serge allonge les distances. Avec les marathons viennent les clients importants. Il est aujourd'hui le trésorier d'athlètes de haut niveau, stars de l'athlétisme, du cyclisme et de la natation. Une clientèle à faire pâlir les collègues de sa région. Son secret ? Quand Serge aime, il compte encore plus. « En 1995, j'ai fait 73 compétitions », précise-t-il. « Je suis devenu boulimique de courses. J'adore accrocher un dossard et me battre avec mes potes. » Durant la semaine, il se languit des épreuves du week-end. Alors, pour patienter, ce drogué à l'effort physique se dope en salle de muscu le lundi, prend une dose de cycling le mardi et le jeudi, et se fait des lignes de fractionnés sur piste le mercredi.

La tournée des popotes et des déclarations fiscales

Le marathon reste malgré tout un grand défi. « C'est une course à stress. Les semis, je peux en faire tous les dimanches, dit-il faussement crâneur, mais les grandes épreuves m'ont longtemps angoissé. Aujourd'hui, j'ai appris à mieux gérer, je suis décomplexé du marathon. » Pourtant, celui de Paris demeure un vrai challenge pour le commissaire aux comptes, « il tombe au plus mauvais moment, en pleine période fiscale, celle de la clôture des comptes, où je dois rester enfermé au bureau ». Décidément, tout arrive en même temps. Mais Serge aime les défis, et pas question de louper ce grand rendez-vous. C'est d'abord l'occasion de rencontrer et d'élargir sa clientèle. Alors, la veille du départ, il fait la tournée des popotes et commente à ses grands coureurs de clients leurs déclarations fiscales. Mehdi Baala, Mohamed Ouaadi ou encore Driss el-Himer... Serge est un homme de relations, qui apprécie et entretient les mondanités, et qui chaque année repart comblé de Paris.

Ses plus beaux souvenirs de course sont dans les extras de l'épreuve, le soir au restau en compagnie des champions ou, durant l'épreuve, dans la cabine des commentateurs de télé. Et il ne boude pas son plaisir de pouvoir ainsi conjuguer passion et labeur... Serge, donne-nous l'adresse de ton coiffeur ! ■

Serge Lévy

Né le 16 avril 1951, à Casablanca
Profession : Expert-comptable, commissaire aux comptes auprès de la Fédération française d'athlétisme
1er marathon : au Médoc, en 1991
Meilleur chrono : 3 h 17' 17"
25 marathons courus à ce jour

Paris, Berlin, Serge Lévy jongle avec les marathons comme avec les chiffres.«

CETTE ANNÉE-LÀ...

L'armée américaine prend le contrôle de Bagdad. Le régime de Saddam Hussein est défait. (9 avril)

« Y'a une fille qu'habite chez moi », chante Bénabar.

1er février : explosion de la navette spatiale *Columbia* lors de son retour dans l'atmosphère. Sept astronautes périssent dans l'accident.

15 février : au moins 10 millions de personnes défilent dans plus de 600 villes du monde contre la guerre en Irak.

Juillet : les intermittents du spectacle défendent leur régime d'assurance chômage ; le festival d'Avignon, comme beaucoup d'autres, est annulé.

Août : une canicule exceptionnelle frappe l'Europe durant plusieurs semaines. La vague de chaleur et de sécheresse fait 27 000 victimes, principalement des personnes âgées, et 15 000 morts en France.

1er août : l'actrice Marie Trintignant meurt à la suite d'une dispute avec le chanteur de Noir Désir, Bertrand Cantat.

28 septembre : Paul Tergat franchit la barre des 2 h 5' sur marathon à Berlin (2 h 4' 55").

24 octobre : dernier vol du Concorde.

31398
real
30. BERLIN

CHAUVELIER, FAURE, LEVISSE, RÉMOND

LEURS QUATRE VÉRITÉS DE MARATHONIENS

Voici quatre coureurs dont le record sur marathon est inférieur à 2 h 15 min. Quatre coureurs qui ont fait ou font toujours figure d'icône de la course à pied. Ces champions représentent quatre expériences si différentes de la foulée que chaque marathonien peut y trouver sa vérité.

Dominique Chauvelier

Né le 3 août 1956

Entraîneur et vice-président d'Endurance 72

Consultant pour Eurosport et *Jogging International*

Record

2 h 11' 24''

Quadruple champion de France de marathon

Médaillé de bronze aux Championnats d'Europe de 1990

L'apprentissage

« À treize ans, je voulais faire un sport individuel. C'était le cyclisme qui m'intéressait le plus, mais, vu le prix d'un vélo, je n'aurais jamais osé demander à mon père de m'en acheter un. J'ai donc participé aux cross scolaires. Il s'est avéré que j'étais plus volontaire que les autres. Alors j'ai continué, en apprenant tout seul, de mes erreurs surtout. Jusqu'à accumuler plus de trente ans d'expérience que je transmets désormais en deux ans à mes élèves… »

La compétition

« Ça ne change pas ma vie d'homme de ne pas avoir couru le marathon en moins de 2 h 10. Il est plus important pour moi de continuer à courir et de prendre encore beaucoup de plaisir à le faire. Depuis que le chrono n'est plus un souci, j'ai découvert un autre monde au milieu du peloton, comme si on m'avait enlevé des œillères ! »

Pourquoi courir ?

« J'étais plutôt bon à mon poste dans la banque ; idem en course à pied. Je voulais être vraiment bon quelque part, j'ai été fou : j'ai choisi le sport. Aujourd'hui, je vis toujours de mon loisir sans arriver à me dire que c'est mon métier. La course m'a apporté tellement plus que de l'argent ! Je me souviens des gens que j'ai rencontrés sur une épreuve, pas de la prime que j'y ai touchée. »

Marathon…

« C'est ma vie. »

Bernard Faure

Né le 2 juillet 1953

Préparateur physique du Toulouse FC
Consultant pour France Télévisions

Record
2 h 12'' 55'
Champion de France de marathon en 1982

L'apprentissage

« On m'a offert une montre chrono pour ma communion. Alors je me suis mis à tout chronométrer. Je voulais faire la course avec le bus pour aller à l'école, je partais dans la campagne pour des footings très longs. J'aimais me mettre dans des états pas possibles, puis m'allonger dans l'herbe et regarder les nuages passer. Le souffle m'a toujours passionné. »

La compétition

« Je suis allé vers la compétition parce que j'ai eu besoin de m'affirmer. Si j'avais été "fini", je n'en aurais jamais fait. Et, entre nous, 2 h 12 ou 2 h 10 au marathon, ça ne change pas grand-chose vu de la lune. »

Pourquoi courir ?

« Courir a été un geste primitif qui a permis à notre espèce de survivre. C'est aujourd'hui un sport codifié et régi par une institution. Il y a donc plusieurs façons de voir la course. Pour ma part, j'aime la pratiquer en pantalon avec dix euros en poche. Je pars sans savoir où je vais, je m'arrête boire un coup, je passe voir un agriculteur, je prends tel chemin parce qu'il me plaît plus que celui d'à côté... Et quand j'en ai assez j'appelle ma femme pour qu'elle vienne me chercher. »

Marathon...

« Heureusement qu'on se marre encore à l'arrière des pelotons ! »

Pierre Levisse

Né le 21 février 1952

Kinésithérapeute

Record
2 h 14' 38''
Champion du monde de cross-country par équipes

L'apprentissage

« Je m'identifiais plus facilement aux cyclistes qu'aux coureurs quand j'étais gamin. La course n'a jamais été mon sport favori. Je l'ai pratiqué parce que j'avais des qualités et qu'à vingt ans la seule chose qui comptait, c'était d'être premier. »

La compétition

« Je suis un compétiteur dans l'âme. C'est la compétition qui m'a réellement donné le goût de la course à pied. Si je continue à courir quelques épreuves, c'est parce que j'ai une idée derrière la tête, un record à battre. Courir à 12 km/h, pour la santé, ça n'est pas mon propos. »

Pourquoi courir ?

« C'est un sport qui nécessite de ne pas s'embourgeoiser. Il a apporté de l'équilibre dans ma vie. »

Marathon...

« Je trouve l'épreuve belle et attirante, mais je ne suis pas spécialement fait pour. Un marathonien, c'est quelqu'un qui n'est pas à un quart d'heure près quand il part courir. Comme je m'ennuie sur 42 kilomètres, j'accélère... alors qu'on doit au contraire se laisser mourir à petit feu. »

Philippe Rémond

Né le 9 novembre 1963
Athlète
Record
2 h 11' 22''
Double champion de France de marathon

L'apprentissage

« J'ai vite pris conscience de mon potentiel, mais j'ai attendu mes vingt-cinq ans pour m'entraîner sérieusement. Heureusement, les résultats sont arrivés rapidement : à vingt-six ans, j'ai décroché ma première sélection en équipe de France. »

La compétition

« Je regrette de ne pas être passé sous la barre des 2 h 10. J'ai sans doute trop couru pour y arriver. Jamais je n'ai pu préparer une épreuve pendant des mois sans participer à des courses entre-temps : j'ai trop besoin d'être au contact des autres coureurs. Mais aujourd'hui, si je n'étais plus capable de remporter des épreuves, j'envisagerais sans doute d'arrêter de courir. »

Pourquoi courir ?

« Sans la course, je ne sais pas ce que j'aurais fait. Elle m'a apporté une reconnaissance, m'a permis de m'élever rapidement dans la société. Mais ne plus exister, ça peut aussi aller très vite. Alors il faut se construire une image au fil des courses, gagner sa légitimité tous les dimanches sur les routes. J'ai compris que c'était aussi important que l'entraînement si on voulait durer dans la course à pied. »

Marathon...

« Il s'est un peu banalisé, c'est devenu un challenge personnel. Par la même occasion, il a répandu un esprit combatif que j'aime retrouver chez les gens. »

10 000 km et le péché de gourmandise

« Le 7 avril 2002, j'ai participé au marathon de Paris. Je nourrissais le rêve de courir à travers les rues, les bois, les ponts de la ville que je tiens pour l'une des plus belles du monde. Tout le long de l'année de préparation, j'ai toujours eu une nourriture saine, à base de salades variées, de légumes, de protéines et de féculents. Mais manger à Paris est un art, et le premier soir nous sommes allés fêter notre voyage dans un restaurant qui méritait, sans aucun doute, sa renommée. Enthousiasmée par le nombre de calories que je perdrais pendant la course, j'ai cédé à toutes les tentations, depuis les hors-d'œuvre jusqu'au dessert, sans oublier le vin. Samedi, au déjeuner et au dîner, je me suis encore une fois laissé mener par les tentations françaises – le péché de la gourmandise. En course, toutes ses folies gastronomiques ont eu un prix. J'ai réussi à franchir la ligne d'arrivée – une heure longue et douloureuse de plus par rapport à ce que j'espérais lors de mon entraînement. »

Maria Eugenia Sahagoff
São Paulo (Brésil)

Yves Glaz
Organisateur des 20 kilomètres de Paris

« Cette épreuve, c'est en quelque sorte le vaisseau amiral des courses françaises hors stade, barré de main de maître par son directeur, Joël Lainé. Longue vie donc au marathon de Paris ! »

Jean-Luc Monges
Organisateur des Gendarmes et des voleurs de temps

« J'ai participé quatre ou cinq fois au marathon de Paris. Courir une des épreuves les plus importantes au monde, c'est un privilège. J'ai par ailleurs toujours beaucoup de plaisir à aller au Marathon expo, pour y retrouver les coureurs et les copains. »

Patrick Aknin
Organisateur de La Parisienne

« À la demande de Guy Drut, j'ai pris en charge le marathon de Paris en 1988. Ce n'était pas le boulot qui manquait : en 87, il y avait eu 8 450 arrivants et presque autant de mécontents. La priorité a donc d'abord été de se placer au service des coureurs. Puis je me suis attaché à rendre le parcours performant. Je n'ai cessé de courir après un chrono sous les 2 h 10 mn, et il est finalement arrivé en 1998, la dernière année où j'ai fait partie de l'organisation. En 1992, Luis Soares aurait pu les franchir s'il n'avait pas fait beaucoup trop de chemin. J'étais derrière lui en moto a essayé de le guider, mais ça n'a pas suffit. Alors, l'année suivante, on a mis en place la ligne bleue afin que les athlètes ne courent que 42,195 km. Avec mon adjoint Pierre Benistan, notre but a toujours été de rendre cette épreuve la plus professionnelle possible d'un point de vue technique. Il n'a pas été facile de rentrer dans le sillage des grands marathons. Je pense pourtant que l'on y est arrivés. »

Une course de chien …

Monsieur, je me permets de vous demander d'inscrire mon petit chien Harry Caramel, comme vous l'avez déjà fait gentiment l'an dernier, au marathon de Paris 2004. Ce sera sa 7e participation à cette épreuve et son 24e marathon. Quant à moi, ce sera ma dixième participation au marathon de Paris avec un total d'une cinquantaine. Je vous en remercie d'avance !

Maurice Viguier
Laverune (34)

Jean-Marc Fresnel
Organisateur de Paris-Versailles

« Paris fait aujourd'hui partie des cinq marathons de référence alors que ce n'était pas le cas il y a quelques années. Et cela ne tient pas aux temps des vainqueurs, qui pour moi sont loin d'être l'essentiel. L'organisation a surtout su gérer la croissance sans pour autant se retrouver submergée par le monde, ce qui n'est pas évident. Une année, il y a eu 29 000 participants à Paris-Versailles, alors que nous en avons d'habitude entre 20 000 et 25 000. En tant qu'organisateur, on sent vraiment la différence. »

EN CE 4 AVRIL

2004

Ambesa Tolosa (Éthiopie) gagne en 2 h 8' 56''
Salina Kosgei (Kenya) gagne en 2 h 24' 32''
Heinz Frei (Suisse) remporte l'épreuve chez les handisports en 1 h 37' 43''
29 700 arrivants

Corinne Raux
Athlète

« J'ai vu les Champs-Élysées ouverts devant moi »

Cinq marathons, dont un olympique, ont suffi pour la hisser au panthéon. Pourtant, Corinne continue d'allier décontraction, simplicité et pugnacité. Ce qui lui permet de voir s'ouvrir devant elle de belles perspectives. Surtout quand elle est sur les Champs-Elysées.

Dans son langage, il n'y a pas d'hommes. Il n'y a que des « gars ». Elle-même serait plutôt du style garçonnet. Cheveux courts ; une tête d'oisillon sorti du nid ; fluette comme un roseau, du genre de ceux qui voient tomber les chênes. Car, derrière sa timidité, Corinne cache une solide volonté. « Je suis une battante, je ne lâche jamais rien. » Ce qui explique sans doute qu'à vingt-six ans elle ait été la même année troisième aux Championnats de France de 10 kilomètres et de semi-marathon, championne de France de course de montagne et championne du monde de duathlon, tout en courant des raids en Chine, en Bolivie, en Arménie et en exerçant son métier de kiné. Vous trouvez que ça fait beaucoup ? Elle aussi finalement. C'est pourquoi elle a décidé de quitter son travail et de se concentrer sur un objectif. Ce sera le marathon. « Je suis faite pour l'endurance », précise Corinne. Et Endurance 72, le club de Dominique Chauvelier, semble fait pour elle. Tout commence au Mont-Saint-Michel, à un semi de la ferme de ses parents, où elle est retournée habiter faute d'argent. Pas pour y travailler – on lui a toujours dit qu'il valait mieux faire autre chose dans la vie –, mais pour s'entraîner suivant les conseils de Dominique. Sa première participation au marathon lui vaut de remporter l'épreuve montoise en battant le record : 2 h 37' de vent et de chaleur. Vu les conditions, on lui dit qu'elle peut au moins gagner cinq minutes. Elle apprend que le ticket pour les Jeux d'Athènes est fixé à 2 h 32'. « Il n'y a pas à hésiter. »

Comme ici, à Passy, le public est toujours au rendez-vous des coureurs.

« Aller de l'avant »

De toute façon, Corinne n'est pas du genre à s'embarrasser de questionsinutiles. Même au départ du marathon de Paris 2004, où elle joue sa place olympique. « Après tout, ce n'est qu'une course… Et je n'ai pas un tempérament à stresser. » À quoi peut alors penser une championne à quelques heures d'un exploit ? D'abord à ce qu'elle va mettre comme habits. « Je suis arrivée au départ avec un gros sac et toutes mes tenues. Je ne supporte pas le froid… » s'excuse-t-elle. « Puis je me suis rendu compte du monde qu'il y avait derrière et, en me retournant, j'ai vu les Champs-Élysées vides, ouverts devant moi : c'était très étonnant. » Ensuite, il faut bien penser à courir puisque le départ est donné. Dominique est à ses côtés qui va lui chercher son ravito et gère ses allures. Tant et si bien que, lorsqu'il laisse sa protégée en plein mur au 32e kilomètre, elle se voit assurée d'atteindre son objectif. Au même endroit l'année suivante, elle saura qu'elle ne parviendra pas à battre le record de France. Mais, dans les deux cas, elle va « chercher des points positifs pour aller de l'avant ». Entendez par là qu'elle part à la bagarre.

La bataille de Marathon

À toujours ferrailler, elle arrache la troisième, puis la deuxième meilleure performance française. Elle a surtout fourbi ses armes (et préparé sa casquette) pour livrer bataille à Marathon, au départ de l'épreuve olympique. « C'est une chance inouïe d'avoir participé aux Jeux dès mon troisième marathon. En plus, sur ce parcours mythique qui arrive dans le stade de marbre… » Elle termine 15e là où Spiridon Louis a remporté le premier marathon olympique. De quoi attraper la grosse tête ? Y en a qui s'y croient parce qu'ils font partie de l'élite. Moi, je reste comme avant : ceux qui veulent me parler, je leur parle. » Pas de doute qu'avec la carrière à laquelle elle semble destinée ils seront nombreux, femmes ou « gars », à venir la saluer. ■

Corinne Raux
Née le 16 août 1976
Profession : athlète
1er marathon : au Mont-Saint-Michel, en 2003
Meilleur chrono : 2 h 28' 48''
5 marathons courus à ce jour

À l'arrivée du marathon de Paris, Corinne Raux s'apprête à gagner son ticket pour les Jeux olympiques d'Athènes.

CETTE ANNÉE-LÀ...

Un tsunami emporte la vie de plus de 160 000 personnes dans l'océan Indien. (26 décembre)

La France se met au roumain grâce au tube de l'été d'O-Zone, « Dragostea Din Tei ».

Michael Moore dénonce ; son film « Fahrenheit 9/11 » reçoit la Palme d'or à Cannes.

11 mars : plusieurs explosions ensanglantent Madrid et font plus de 200 morts. Al-Qaida revendique les attentats.

1er mai : élargissement de l'Union européenne à dix nouveaux pays.

5 juin : Noël Mamère, maire de Bègles, célèbre le premier mariage homosexuel en France malgré l'interdiction du gouvernement.

11 novembre : décès de Yasser Arafat, à Clamart, près de Paris.

14 décembre : inauguration du viaduc de Millau.

22 décembre : libération des deux otages et journalistes français Christian Chesnot et Georges Malbrunot, détenus en Irak depuis 124 jours.

EN CE 4 AVRIL

2005

Salim Kipsang (Kenya) gagne en 2 h 8' 4''
Lydiya Grigoryeva (Russie) gagne en 2 h 27' 1''
Ernst Van Dyck (Afrique du Sud) remporte l'épreuve chez les handisports en 1 h 32' 17''
28 857 arrivants

Christian Tribot
Publicitaire

Un « non-sens » peut-il faire le marathon ? La réponse est…

Il vous faut juste un peu d'imagination. Soudain, vous mesurez 1,92 m et vous pesez 103 kg. Et vous vous retrouvez au départ d'un marathon. Pour ce fou de défis, l'illusion est une réalité qui peut parfois devenir cruelle à la sortie des tunnels.

On l'imagine sur les terrains de rugby. Il les a fréquentés. Jusqu'à ce qu'une sale fracture de la jambe le confine dans cette autre passion si éloignée de la course automobile ou de l'aviation, ses autres fascinations.

À quoi pense t-il en ce frais dimanche d'avril quand, au long des quais, la pente qui ponctue la sortie d'un tunnel lui semble un Tourmalet ou un Galibier et qu'il doit se résoudre à marcher ? A son premier défi d'abord, lancé près de vingt ans plus tôt. Son meilleur pote a couru le marathon de Paris 1986 ? Qu'à cela ne tienne, lui participera à l'édition 1987. Il se souvient de sa rupture mentale : « Je fais un métier où l'on bouffe, où l'on est sédentaire, où l'on passe du temps en bagnole, au bureau, avec le stress quotidien, les objectifs, les chiffres d'affaires. Et, à l'époque, je fumais mes deux paquets par jour. »

En 1981, il commence à trottiner, puis, avec le temps, se prend au jeu. Paris-Versailles, les 20 km de Paris et enfin, en 1987, ce premier marathon achevé en 4 h 20'. Le virus est inoculé. Il ne le lâchera plus. « L'entraînement est tellement pénible qu'il faut se fixer des objectifs », aime-t-il à dire. Il part très vite à la conquête de New York avec sept annonceurs du *Figaro Magazine* qu'il initie à la course des courses. C'est ainsi que naîtra le MBA (Marathon Business Association) qui a cru et embelli et dont il est forcément toujours président, puisque ses fêlés de membres l'ont élu président à vie.

« Arrêter, ce n'était pas possible »

Son parcours est un pur joyau d'ambitions déçues et sans cesse remises sur le macadam. En 1989, il se prépare à l'INSEP avec le docteur Stéphan, qui a accepté de prendre ce « non-sens » dans son écurie. Il est programmé pour « faire » New York en 3 h 16' 21''. À Big Apple, l'étalon passe en deux heures au 25 km puis redevient cheval de trait. D'affreux problèmes gastriques le déposent sur la ligne 4 h 26 après avoir foulé le Verrazano Bridge. À New York, 5 fois, à Venise, Montréal, Lisbonne, Athènes, Hambourg, Pékin, Munich ou Paris en pagaille, la barre des quatre heures demeurera son inaccessible étoile sans étioler pour autant sa foi. En 2004, il fait un break. En 2005, c'est le retour. « Arrêter ce n'était pas possible, dit-il. J'ai donc décidé de refaire Paris tranquillement. Juste pour le terminer. Et puis d'aller dévorer ensuite une côte de bœuf avec mes potes et de retourner le lundi matin au bureau sans être cassé. » Alors, il se relance dans ses triples ou quadruples entraînements hebdomadaires. Dans ses régimes aussi, « surtout la dernière semaine », précise-t-il en souriant. Le « non-sens » affiche 103 kg sur les Champs-Élysées.

Le peloton aussi voulait les Jeux à Paris.

« Un énorme coup de blues au 23e »

Le jour J, accompagné d'un frêle copain poisson pilote qui lui a promis de ne pas le quitter de plus d'un mètre, il s'élance du cœur de la meute. « Nous sommes passés en 2 h 15 au semi et puis, soudain, au 23e kilomètre, à l'entrée de la voix sur berge, j'ai eu un énorme coup de blues, comme un mur dans la tête. Je me suis demandé ce que je faisais là à me pourrir l'existence. Comme si les contraintes du boulot ne suffisaient pas, il fallait que j'en rajoute. Il y avait encore 20 bornes à se taper. J'avais le moral à plat. »

Ses fascinantes, lancinantes, désespérantes et marchantes sorties de tunnel entrent donc alors dans la légende du marathon de Paris. Et puis… « Et puis, devant

CETTE ANNÉE-LÀ…

Le pape polonais Jean-Paul II meurt à l'âge de 84 ans. L'Allemand Benoît XVI lui succède. (2 avril)

Camille chante « Ta douleur ».

31 mars : mise en service de la Télévision numérique terrestre (TNT) en France.

29 mai : la France rejette par référendum le projet de Constitution pour l'Europe.

11 juin : la journaliste Florence Aubenas et son interprète Hussein Hanoun sont libérés après cinq mois de détention en Irak.

7 juillet : quatre attentats terroristes font 56 morts au cœur de Londres.

12 juillet : couronnement du Prince Albert II de Monaco à la suite de la mort de son père le prince Rainier.

28 juillet : l'Armée républicaine irlandaise dépose les armes après trente-cinq ans de conflit.

30 août : le cyclone Katrina ravage le sud des Etats-Unis.

« L'union fait la force ». « On a souvent besoin d'un... » : Christian Tribot dossard 2069 vous en livrera beaucoup du même genre...

la Maison de la radio, j'ai été traversé d'ondes positives. Comme je sentais monter les crampes dans la cuisse gauche, j'ai beaucoup bu, beaucoup marché, beaucoup ménagé la bête et, de fil en aiguille, j'ai joyeusement franchi la ligne en 4 h 53. »

Deux heures plus tard, il dévorait une énorme côte de bœuf saignante. Le lendemain, il arrivait guilleret au bureau. En novembre 2006, avec ses copains du MBA, il se fera de nouveau enfermer dans Fort Wadsworth. Objectif : Central Park et moins de 100 kg. Son record ? 96 kg. Parviendra-t-il au moins à battre celui-là ? ■

Christian Tribot

Né le 2 février 1952
Profession : publicitaire
1er marathon : à Paris, en 1987
Meilleur chrono : 4 h 3'
30 marathons courus

Née quinze jours après l'épreuve parisienne, Cécile Moynot va fêter ses trente ans entourée de toute la famille des marathoniens.

2006

Cécile Moynot
Manipulatrice radio

« J'aurai trente ans... »

Le marathon lui a redonné goût à la vie après qu'elle n'ait plus eu faim de rien. Alors, Aujourd'hui, sur les pavés des Champs-Élysées, Cécile est bien décidée à tout donner par amour de la course à pied. Elle a trente ans et l'avenir devant elle. Le marathon de Paris aussi. La fête n'en sera que plus belle.

Cette jeune femme au nom d'oiseau est frêle comme le papillon de mai de Rimbaud. Et son esprit s'envole. Il est encore tôt. « Je baigne dans la musique, je suis dans ma bulle, je me concentre. » Ainsi s'imagine-t-elle quelques heures avant le départ du marathon de Paris 2006. Ses affaires sont prêtes depuis belle lurette. Sac sur le dos, ligne 1 du métro, Cécile s'arrête sur les Champs-Élysées. Près du sas élite, elle retrouve ses amis du club. « Ma deuxième famille. » Ceux auprès de qui elle pourrait enfin se confier. Pourtant, « on ne parle pas de chrono, on évite de se mettre la pression. » Elle n'annonce donc pas qu'elle espère courir à plus de 16 km/h. Elle ne dit pas non plus : « J'ai des ambitions. C'est maintenant ou jamais, j'ai déjà assez de regrets. » Bien sûr, elle pense à Pékin 2008. Elle se demande juste si elle n'est pas « encore trop petite »... Mais elle ne dit plus rien. Elle court. Avec la rage de ceux qui ont trop perdu de temps pour se permettre de le laisser filer. « Je me suis réveillée un jour avec une boulimie de découverte après avoir gâché ma jeunesse. » Cécile n'avait qu'un appétit de moineau, puis plus faim du tout. Elle a failli rendre son dernier souffle à vingt ans. La seule chose qui lui restait dans le sang, c'était la course.

Abîmée en route

Ses sourcils délicats l'accentuent, ses traits fins le soulignent : ses yeux pétillent dès qu'elle part à grandes enjambées. « Gamine, je courais toujours et partout. » Au Stade Brestois, où elle était inscrite, elle s'entendait d'ailleurs dire qu'elle avait beaucoup de potentiel. « Sauf que mes parents n'avaient pas le temps de m'y amener. » Puis il y a eu les angoisses de l'adolescence, l'incompréhension. Cécile s'est abîmée en route. Concorde, Rivoli, le Marais... Paris, elle y est arrivée fin 1997 pour se faire soigner. Un an et demi plus tard, elle sort de l'hôpital et se remet à courir. Jusqu'au 1er mai où est enfin éclos ce joli brin de muguet : en 2000, lors de son premier marathon, à Sénart, elle termine troisième féminine. « J'étais aux anges. » Un mois plus tard, elle avale à nouveau les 42 bornes. Cette fois, c'est sûr, elle a repris goût à l'existence. « Dès lors, j'ai couru émerveillée, comme une enfant qui découvre le monde. Le marathon, pour moi, c'est une renaissance, c'est la vie. » Silence.

« Tout faire pour y arriver »

Musique. Elle aime tant en trouver le long du parcours parisien : « Ça me donne un coup de punch ! » Pianiste depuis l'âge de cinq ans, elle est passée par le conservatoire et dit aujourd'hui « courir comme un vrai métronome ». Toujours en rythme, sortie du bois de Vincennes, 1 h 17' ? La moitié d'un temps de rêve, le semi à la croche. On approche Daumesnil, Bastille, les quais... Paris et son marathon qui a vu le jour un 18 septembre 1976 ; Cécile est née juste après. Elle le sait : à trente ans, c'est maintenant ou jamais. « Je ferai tout pour y arriver », affirme-t-elle.

Reste à tenir, s'accrocher. A quoi, à qui ? « J'aimerais voir des têtes connues sur le bord de la route. Mon ami... Et pourquoi pas Dominique *(Chauvelier, son entraîneur)* qui me rejoindrait à moto pour m'encourager. Je voudrais aussi ne pas me retrouver seule, courir dans un petit groupe. » Pour pouvoir se relâcher, se reposer un peu sur quelqu'un, quelques-uns, quelques kilomètres partagés. Mais gare à ceux qui s'approchent trop : elle peut avoir le regard torve d'un chat sauvage.

Un succès à fêter

Car Cécile n'est plus qu'un fil tendu vers l'arrivée. Porte d'Auteuil, bois de Boulogne, avenue Foch... Paris, elle y a franchi la barre des trois heures en 2004 ; elle y a terminé quatrième française en 2005. Aujourd'hui, elle veut y être consacrée. « La fin est difficile, mais je finis en sprintant. Les gens crient, on prononce mon nom au micro, je passe la ligne euphorique. Alors je peux faire n'importe quoi. Je me jette dans les bras de ceux que j'aime, je danse... »

Première Française ? Une sélection nationale ? Ou simplement la joie d'avoir tout donné ? Peu importe : elle a réussi, elle est comblée et elle compte bien ensuite fêter son succès. Ainsi imagine-t-elle son 9 avril 2006. Et vous ? ■

Cécile Moynot

Née le 2 octobre 1976
Profession : athlète, ancienne manipulatrice radio
1er marathon : à Sénart, en 2000
Meilleur chrono : 2 h 44' 01''
11 marathons courus à ce jour

EN TÊTE

LES ENFANTS DE BIKILA CÔTÉ SEINE

Jusqu'en 1980 le marathon de Paris masculin fut une affaire franco-française. Avec le génial Djiboutien Ahmed Salah, l'Afrique mit le pied à Paris. Depuis, elle y a fait une merveilleuse moisson de victoires.

En remportant les marathons des Jeux olympiques de 1960 et 1964, Abebe Bikila a ouvert la voie de l'Afrique. La montée en puissance a été inexorable. Trois nations subsahariennes se sont partagées sept des dix derniers marathons parisiens et aujourd'hui, les coureurs du continent africain dominent outrageusement le monde des 42,195 km.

Comment s'y prennent-ils ? Alain Lunzenfichter, journaliste, spécialiste d'athlétisme au quotidien L'Équipe, tente ici une explication. « Paul Tergat, Sammy Korir, Evans Rutto, Gezahende Abera, Félix Limo, Daniel Njenga, Moses Tanui, Titus Munji, voilà des noms qui disent quelque chose aux spécialistes du marathon. Pourtant, ces quelques coureurs ne sont qu'une infime partie de la déferlante qui submerge aujourd'hui les palmarès des grands marathons. New York, Boston, Paris, Rotterdam, Tokyo, Fukuoka, Pékin tombent dans l'escarcelle des coureurs des hauts plateaux de Nairobi et, à un degré moindre, des hauteurs d'Addis-Abeba ou d'Ifrane. Kényans, Éthiopiens, Marocains, sans oublier Tanzaniens, Sud-Africains ou Djiboutiens, l'Afrique a fait du marathon sa chasse gardée, son univers. Depuis des lustres de nombreux managers viennent « y faire leur marché. » Ils font commerce de ces merveilleux fous courant dopés naturellement par l'altitude et dont les ressources paraissent inépuisables.

« Il ne sert à rien de faire des kilomètres en endurance »

Le docteur italien Gabriele Rosa, qui a sous sa coupe un escadron impressionnant de

Eux devant et tous derrière : Kényans et Éthiopiens ont pris les rênes du marathon.

Gaz de France
3
Gaz de France
16
9
28
21
5

Rop, Kipsang, Chebet et Biwott (de gauche à droite). Au marathon de Paris en 2005, les Kényans ont raflé cinq des sept premières places.

ces avaleurs de macadam, n'est pas étranger à ce changement. « Aujourd'hui, explique-t-il, l'athlétisme, avec toutes ces compétitions de très haut niveau, est fermé au plus grand nombre. Si vous ne valez pas 13' 15'' au 5 000 m ou 27' 30'' sur 10 000 m, vous ne trouvez aucune place dans un meeting. En revanche, si vous êtes capable de réaliser 2 h 15' sur un marathon, vous êtes le bienvenu. »

Est-ce une raison suffisante pour expliquer les progrès réalisés ? « Non, bien sûr, ajoute le docteur Rosa. Mais vu le nombre de coureurs, en particulier kényans, que nous avons sur le marché j'ai pensé qu'il fallait investir dans un camp d'entraînement en Afrique et préparer vraiment le marathon. Ce qui est important sur cette distance, c'est de ne pas attendre d'avoir plus de trente ans, d'être cuit sur 5 000 m et 10 000 m pour passer le cap. Au contraire, il faut y aller de plus en plus jeune, s'entraîner en groupe et travailler en qualité. Il ne sert à rien de faire des kilomètres en endurance. Il faut adapter le corps aux efforts qu'il va subir durant 42,195 km. Ainsi, nous travaillons toujours au maximum des possibilités de chacun. »

La marque Fila, qui travaille depuis longtemps avec Rosa, a ouvert un camp d'entraînement à Ngong. Adidas, avec Hermens, le manager de Gebreselassie, s'est installé à Eldoret et Flax. Les deux marques cherchent à récolter l'or kenyan. Jos Hermens, ancien recordman du monde de l'heure (20,944 km) met en avant le sérieux de l'entraînement :

« Il s'étale tout au long de l'année. Avant, il était fréquent qu'un athlète victorieux retourne chez lui pour dépenser l'argent gagné dans une course. Lorsqu'il avait tout dilapidé, il se remettait au travail. Aujourd'hui, ce n'est plus le cas ; après quelques jours de repos, on reprend le chemin de la préparation. Le Kényan type ne cherche pas la gloire, seulement le moyen d'être riche et, souvent, le seul qui se présente à lui aujourd'hui, c'est de courir. »

« Les temps vont encore exploser »

Et le docteur Rosa de reprendre : « J'ai entraîné de nombreux Européens, notamment Poli *(vainqueur à New York en 1986)*. Jamais il n'aurait pu endurer une préparation semblable à celle que supportent les Africains. Se sont de vrais monstres de travail, car ils sont fiers et veulent dominer leurs camarades même à l'entraînement. Et puis, il y a toujours cette carotte de l'argent qui est au bout et qui les motive plus que tout. »

Avant, le marathon c'était « trente kilomètres de prologue et douze de monologue ». Ce n'est absolument plus vrai puisque cette course individuelle est devenue une épreuve par équipes. « Si vous lancez des gens qui n'ont pas d'arrière-pensées ou qui ne calculent pas, précise Rosa, vous aurez souvent des résultats exceptionnels aux alentours de 2 h 6'. »

La barre des deux heures tombera

À l'heure actuelle, ceux qui passent, ne sont pas toujours des spécialistes sur 5 000 m et 10 000 m. « Que croyez-vous qu'il arrivera, reprend Hermens, lorsque de gros calibres franchiront le cap du marathon... Les temps vont encore exploser, c'est mathématique. Aujourd'hui, vous avez des garçons qui valent 27' 30'' sur 10 000 m et l'heure sur le semi-marathon. Demain vous aurez des coureurs qui se friseront les moustaches en passant en moins de 1 h 2' à mi-course. » Et le Néerlandais de poursuivre : « Le record du monde du marathon aujourd'hui, c'est environ quatre fois 29' 30'' au 10 000 m plus deux kilomètres. Pour des coureurs qui valent 26' 30'' sur la distance, c'est du jogging... Ils peuvent faire facilement 29' 15''-29' 20''. » Et ce sera sûrement un Africain qui y parviendra le premier... » ■

“

Jean-Claude Moulin

Organisateur de Marvejols-Mende

« J'étais présent dans le bois de Boulogne à l'occasion du premier marathon de Paris. Malgré le peu de concurrents, il y avait alors plus de coureurs que de spectateurs ! Par la suite, j'ai assisté à plus de la moitié des éditions. Paris a mis du temps pour rattraper son retard par rapport aux marathons d'autres grandes villes. Mais aujourd'hui, c'est bel et bien fait. Les aspects techniques sont maîtrisés ; les moyens sont à la hauteur des ambitions. Et cette évolution ne s'est pas faite au détriment de l'esprit de convivialité que les pionniers des courses sur route, dont je fais partie, ont apporté. »

Jean-Baptiste Protais

Organisateur de la Corrida d'Issy-les-Moulineaux

« Beaucoup de liens unissent le marathon de Paris et la Corrida, notamment à travers la ville d'Issy-les-Moulineaux, où nos deux organisations sont établies. Nous nous échangeons donc beaucoup de services ; nous sommes en quelque sorte leur petit frère... Mais le marathon de Paris évoque également d'autres choses pour moi : il a été au cœur de mon histoire de coureur. J'y ai à la fois vécu mon meilleur et mon pire souvenir de course à pied. Ce dernier remonte à 1992, lorsque, en battant mon record, je ne finis que troisième Français et ne réussis pas à me qualifier pour les Jeux de Barcelone. En 1990, en revanche, j'ai terminé deuxième dans des conditions difficiles : c'est sur ce parcours que je me suis fait connaître. »

Bruno Lacroix

Rédacteur en chef
de *Jogging International*

« Un partenariat historique lie le marathon de Paris à *Jogging International*. J'entretiens donc depuis quelques années déjà une relation professionnelle avec cette épreuve. Mais mon histoire personnelle et même passionnelle avec ce marathon a démarré avant. Quand *Jogging* est arrivé au sein du groupe de presse auquel j'appartenais depuis longtemps, l'opportunité s'est présentée pour le sportif, mais non coureur, que j'étais de tenter l'expérience du marathon. Ce sera Paris, comme un pari, comme pour tant d'autres. Un défi personnel, abordé avec la légèreté du sportif qui ne sait pas ce que c'est, mais qui s'imagine... Ou plutôt qui ne s'imagine pas du tout ce que ça va être ! Un entraînement bâclé pour ne pas dire inexistant, et des tactiques de course à n'en plus finir... Je l'ai couru chaque année depuis. Les souvenirs de cette première expérience resteront toutefois les plus forts : l'exaltation de ce départ grandiose, la visite exceptionnelle d'un Paris offert aux coureurs. Et l'arrivée qui tire les larmes, au milieu de la foule et des amis. Il y avait dans cette première l'immense satisfaction de réussir, de franchir un sommet, mais aussi en condensé, durant quelques heures, toute cette palette de sensations et d'émotions que tout coureur finit par éprouver. L'euphorie qui précède et suit la douleur, l'humilité, l'orgueil et la prétention ravalés au fil des kilomètres, le respect des autres, quels qu'ils soient, plus petits, plus gros, plus vieux. L'endurance, le marathon, quelle école ! Des leçons qu'on n'oublie pas. Enfin, au stade des confidences, pourquoi taire que ce premier marathon de Paris se révélera quelques mois plus tard un élément déterminant pour me faire prendre les rênes de *Jogging International*. »

Papa...

« Maintenant je cherche au loin, tout au loin, le panneau qui indique le nombre de kilomètres restant. 39, 40, 41... Là, je sais que je terminerai quoi qu'il arrive. Mais je vais faire mieux que l'an passé. 42e kilomètre. J'entends un “Papa” dans la foule. Je tourne la tête, ma fille et ma femme sont là, j'ai les larmes qui me montent aux yeux, j'ai réussi à terminer. Mon chrono ? 3 h 22' 14''. Dix secondes de mieux... Pourquoi faisons-nous cela ? »

Philippe Duparc
Guyancourt (78)
3 h 22' 14''

”

LES CHIFFRES
DU MARATHON DE PARIS

35 000 inscrits parmi lesquels :
5 332 femmes (15 % du peloton)
29 668 hommes (85 % du peloton)
15 476 coureurs venus de la province (44 % du peloton)
10 474 franciliens (31 % du peloton)
9 050 coureurs venus de l'étranger (25 % du peloton)

Les coureurs proviennent de **88 pays différents**

28 857 arrivants dont :
1 352 coureurs **en moins de 3 heures**
11 891 coureurs arrivant **entre 3 et 4 heures de course**
12 336 coureurs arrivant **entre 4 et 5 heures de course**
3 278 coureurs terminant **en plus de 5 heures**
La dernière finit en **6 h 25 min 54 s**

Records de l'épreuve :
2 h 6 min 33 s
réalisé par Mike Rotich (Kenya) en 2003
2 h 23 min 5 s
réalisé par Marleen Renders (Belgique) en 2002

Depuis 1976, on compte chez les hommes :
4 chronos au-dessous de **2 h 7 min**
32 chronos au-dessous de **2 h 10 min**
256 chronos au-dessous de **2 h 15 min**
495 chronos au-dessous de **2 h 20 min**

Depuis 1979, on compte chez les femmes :
2 chronos au-dessous de **2 h 24 min**
37 chronos au-dessous de **2 h 30 min**
167 chronos au-dessous de **2 h 40 min**
286 chronos au-dessous de **2 h 50 min**

LE MARATHON DE PARIS, C'EST AUSSI :

- **3 000 bénévoles.**
- **200 000 spectateurs** à qui sont distribués plus de **50 000 cadeaux et échantillons**.
- **20 000 assiettes de pâtes** servies à la *Pasta Party*.
- **70 points d'animation.**
- **9 points de ravitaillement distribuant :**
  13 000 kg de bananes
  2 000 kg d'oranges
  2 000 kg de fruits secs
  2 000 kg de sucre en morceaux
  400 000 bouteilles d'eau
- **30 000 éponges** distribuées sur les **7 points d'épongement**.
- **6 postes de secours** sur le parcours et **1 poste de secours-massage** à l'arrivée.

NB : chiffres 2005.

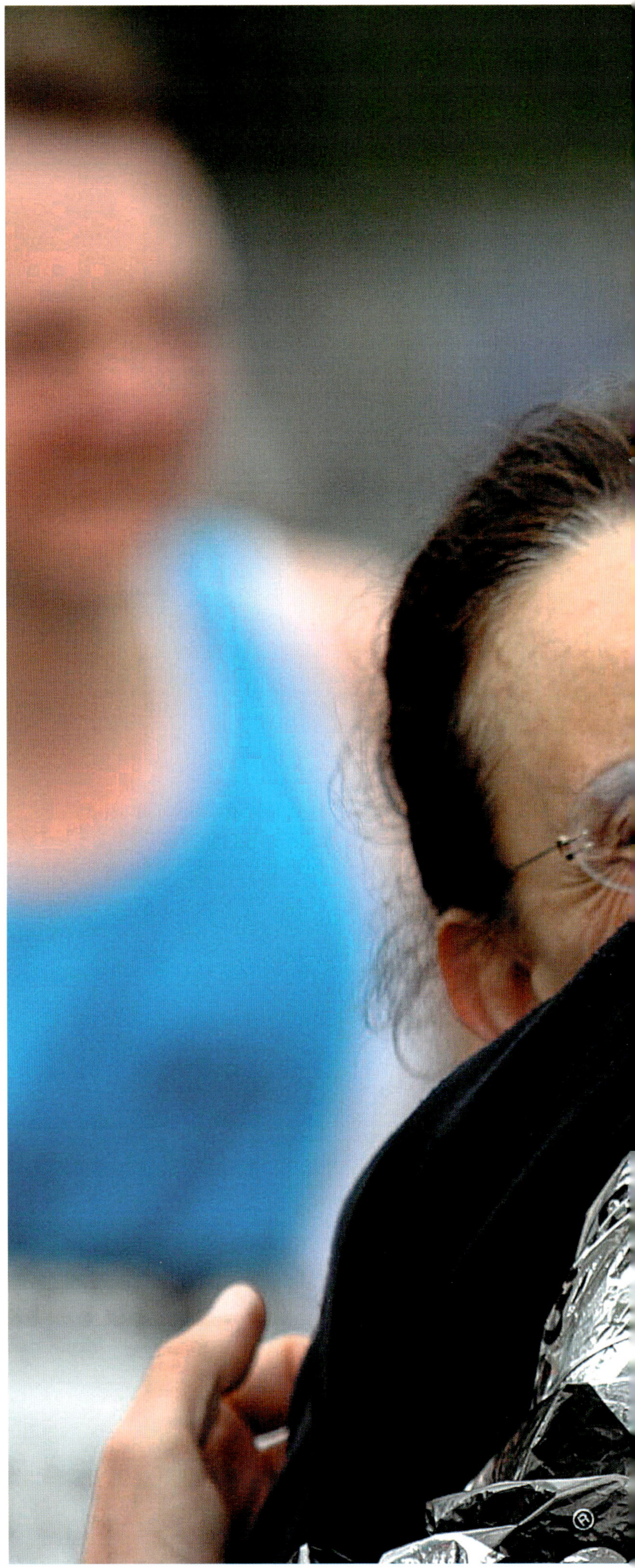

PHILIPPE DELERM :
« RÊVER, FAIRE ET RÊVER ENCORE... »

Philippe Delerm est écrivain et professeur de lettres dans un collège de l'Eure. En 1997, son recueil « La Première Gorgée de bière et autres plaisirs minuscules » lui fait connaître le succès littéraire. Il a alors 47 ans. C'est en revanche tout jeune qu'il découvre la course à pied. Coureur passionné et un temps entraîneur d'athlétisme au club du Neubourg, il partage sa passion de la foulée dans sa nouvelle « Monsieur Spitzweg s'échappe ». De l'épopée à la quête individuelle, entre solitude égocentrique et joie partagée, voici quelques-unes de ses impressions inspirées par la distance sublime : le marathon.

Terminer un marathon. Pendant longtemps, ce fut un exploit un peu fou, en référence plus ou moins consciente à la course suicidaire du guerrier antique. À l'arrivée des Jeux Olympiques, on enveloppait les rescapés dans de vastes serviettes, on les soutenait comme de grands malades, on les couvait des yeux comme si une crise cardiaque risquait de les foudroyer.

Tout le monde a en mémoire le lyrisme avec lequel Alain Mimoun témoigna de sa victoire à Melbourne, en 1956. La naissance de sa fille, Olympe, le numéro de son dossard (le 13) ; après le passage aux trente kilomètres, le coup de barre de la montée qui ressemblait à une épreuve du destin. Tous ces ingrédients paraissaient un prolongement naturel à la simple évocation de l'exploit : avec le vainqueur d'un marathon olympique, on était par essence dans l'épopée. Quatre années plus tard, à Rome, l'aisance et l'impérial détachement d'Abébé Bikila, le coureur éthiopien aux pieds nus, ne firent que renforcer ce prestige.

La télévision commençait à donner des images de la fin de la course. Aujourd'hui, elle suit tout au long du trajet la lutte des premiers, au train ahurissant de trois minutes au kilomètre, parfois moins. De temps en temps, on « se rend compte », en apercevant en arrière-plan un quidam qui s'épuise à suivre le rythme des champions – combien de spectateurs pris au hasard dans une foule sont-ils capables de courir un cent mètres en moins de dix-huit secondes ? Mais, pour aussi spectaculaire que soit ce combat des chefs, la révolution du marathon n'est pas là. Elle réside dans l'extraordinaire équilibre d'une épreuve qui est demeurée mythique en se banalisant complètement.

Le Marathon n'est pas seulement une épreuve sportive. C'est un concept...

Tout jogger du dimanche caresse assez vite désormais l'espoir de finir un marathon. L'étape du « semi » ou une course de vingt kilomètres négociées sans trop de difficulté permettent souvent de cristalliser le désir. On a beau savoir, on a beau entendre répéter que la différence entre les deux efforts est colossale, difficile de ne pas se dire qu'on peut doubler la distance, au prix de quelque prudence. Et de fait, tous ceux qui en rêvent vraiment, tous ceux à qui leur santé le leur permet finissent par boucler un marathon. Dans quel temps ? Trois heures, quatre, cinq, et parfois davantage, l'essentiel n'est pas là. Le marathon n'est pas seulement une épreuve sportive.

C'est un concept, une part à la fois modeste et idéalisée de soi-même que l'on vient chercher au milieu des autres. Non pour les devancer, mais pour qu'une célébration festive ritualise la solitude transcendée.

On voudrait que le marathon soit une métaphore de la vie, même si on craint au fond de soi que ce ne soit pas le cas : au bout de cette douleur-là, il n'y a que de la joie. ■

PHILIPPE DELERM

Ici, votre marathon, votre histoire...

Année :

Date : . . . .

Prénom Nom : . . . .

Profession : . . . .

Temps : . . . .

Mon marathon

Mon Histoire : . . . .

Prénom Nom : . . . .

Né le : . . . .

Age : . . . .

1er marathon : . . . .

meilleur chrono : . . . .

nombre de marathons courus : . . . .

CETTE ANNÉE-LÀ...

LE LIVRE « MARATHON DE PARIS J'AI 30 ANS » EST ÉDITÉ PAR LA SNC *L'ÉQUIPE* SOUS LICENCE A.S.O.

A.S.O.
Président-directeur général : Patrice Clerc
Directeurs généraux délégués : Christian Duxin, Jean-Marie Leblanc, Gilbert Ysern
Directeur du Marathon de Paris : Joël Lainé

L'ÉQUIPE
4, rue Rouget-de-Lisle, 92793 Issy-les-Moulineaux Cedex 9
Directeur général, directeur de la publication : Christophe Chenut
Directeur général adjoint en charge des filiales et du développement : Xavier Spender

DÉPARTEMENT ÉDITIONS
Responsable éditorial : Gérard Ejnès
Avec Pierre-Marie Descamps, Yann Hildwein, Serge Laget et Gérard Schaller
Iconographie : Gilles Montgermont
Direction artistique : Jacques Hennaux
Graphisme et mise en page : Yannick Le Bourg

Coordination de l'ouvrage : André Ciccodicola
Textes : Frédéric Gargaud, Lisa Daumont-Ivani

Sous la direction du service développement : Vincent Laudet (responsable du développement hors presse)
Caroline Moncel (coordinatrice du département éditions), Sandrine Matichard (marketing communication), Isabelle Calais (chargée d'organisation)

CRÉDITS PHOTOGRAPHIQUES
Photos de couverture : Maindru et Christian Petit
AFP : Pages 22, 25, 28, 32, 35, 36 (haut et bas), 38-39, 40 (bas gauche), 41 (droite), 42, 44, 47 (bas), 50, 53, 55, 60, 63, 64, 70, 76, 78, 85, 88, 96, 99, 100, 107, 108 ; **Alain de Martignac :** Page 68 ; **Alain Landrain :** Page 104 ; **Bruno Fablet :** Pages 58, 108, 114 ; **Christian Petit** : Pages 2, 8-9, 14-15, 80-81, 95, 116-117 ; **Christian Rochard :** Pages 52, 55, 97 ; **Denys Clément** : Pages 60, 71, 102 ; **Didier Fèvre** : Page 86 ; **DPPI** : Pages 6-7, 58 (milieu), 78 (haut), 82 (haut), 90-91 ; **DR** : Pages 21 (bas), 23, 24 (bas), 28, 33, 37, 41 (gauche), 44 (haut), 47 (haut), 49, 59, 61, 62 (haut), 69, 74, 76, 79, 83, 84-85, 93, 95, 96, 98, 101, 115 ; **GAMMA** : Page 43 ; **Jean-Christophe Moreau/ASO** : Page 88, 92 (bas), 98 (haut) ; **Jean-Pierre Durand/Presse Sports** : Page 40 (bas droite) ; **Jogging International** : Page 110 ; **L'Équipe** : Pages 21 (haut), 22 (haut), 26 (haut), 30, 34, 35 (haut), 42, 45, 46, 48, 51, 74, 75, 87, 103 ; **Maindru/ASO** : Pages 12-13, 28-29, 31, 56-57, 58, 65, 82 (bas), 89, 92 (haut), 107, 109, 112-113, 116-117 ; **Mairie de Paris** : Page 17 ; **MAXPPP** : Page 77 ; **Michel Deschamps** : Pages 16, 54, 62, 63 ; **Nicolas Luttiau** : Page 40 (haut) ; **Richard Martin** : Pages 10-11, 92, 116 ; **Service photo Élysée** : Page 4 ; **SHOT/Presse Sports** : Page 87 ; **SIPA** : Pages 20, 66-67, 94 ; **Stade Français** : Page 25

Fabrication : CPE CONSEIL - **Photogravure :** SNO – Ivry-sur-Seine - France - **Impression :** Stige - Turin - Italie

***L'Équipe* 2005.**
Prix : 20 €
ISBN : 2-91553516-7
Codification Hachette : 51.9241.4 - **Diffusion et distribution :** Hachette
Dépôt légal : Décembre 2005